Das demokratische Weinbuch

Rainer Balcerowiak

Das demokratische Weinbuch

mondo Heidelberg

Umschlaggestaltung: www.ultrabold.com
Herstellung, Satz: Mondo Heidelberg
Druck: GGP Media GmbH, Pößneck

Anschrift des Verlages:
Mondo Heidelberg
Bachstraße 27
69121 Heidelberg
info@mondo-heidelberg.de

ISBN 978-3-938839-18-8

mondo Heidelberg

Inhalt

Danke!

Viele Winzer haben mir nicht nur Proben geschickt, sondern sich die Zeit genommen, mir ihre Arbeitsweise und ihre Produkte zu erklären. Ihnen gilt ebenso mein Dank, wie dem Deutschen Weininstitut und einigen Anbauverbänden, welche mir die Teilnahme an spannenden Reisen und Seminaren quer durch die Anbaugebiete ermöglichten und sich auch sonst stets hilfsbereit und aufgeschlossen zeigten.

Dank auch an meinen Kollegen Jörn Boewe, der sich durch fachkundige Weinexpertise und erste Durchsicht des Manuskripts große Verdienste um die Entstehung dieses Buches erworben hat.

Vorwort

Was Lenin wohl so treibt? Ob er wieder mal einen Generalstreik angezettelt hat, um dem Teufel in der Hölle das Leben zur gleichnamigen zu machen? Vielleicht ist er ja auch bei dem eigentlich ja gar nicht vorhandenen Genossen Gott im Himmel und übt mit einer jubilierenden Schar von Engeln die „Internationale" in einer neuen Posaunen-Fassung?

Lieber Genosse Wladimir Iljitsch, gönn' dir eine Pause. Lass' dir von einem der nächsten Aspiranten für's Jenseits dieses Buch mitbringen. Und wenn du dann für die Lektüre noch ein paar Bouteillen aus dem sicherlich noch reichlich vorhandenen Fundus des guten Friedrichs abstauben kannst...

Du wirst lesen, wie sich der von dir so trefflich beschriebene Imperialismus – heute abgesoftet Globalisierung genannt – in der Weinwelt auswirkt und wie die psychische Verelendung des Proletariats durch Massenmedien und Marketingabteilungen voran getrieben wird. ‚Was tun' damit die echten Weine ‚die Massen ergreifen'? Klar doch: Erst mal Aufklären! Rainer Balcerowiak langweilt dabei nicht mit trockenen Fakten und nervt nicht mit erhobenem Zeigefinger. Er schreibt mit locker-flockiger Feder und einem spürbar guten Glas Wein in der Hand. Über Supermärkte und Kultweine, über Deutschland und politisch korrektes Trinken, über die Ökoszene, die Weingurus und diejenigen, die ihnen hinter her laufen. Ein Buch mit großem Lesespaß, subjektiv, und damit authentisch. Wie ein guter Wein.

Reinhard Löwenstein

Die Feinde des Weines

Wie religiös motivierte oder andere Geisterfahrer den Menschen den Genuss vermiesen wollen und manchmal gar mit Repressionen drohen

Jeder Weinfreund hat sich bestimmt schon einmal die Frage gestellt, warum Produzenten bzw. Abfüller ungenießbarer bis gesundheitsgefährdender Tropfen nicht angemessen bestraft werden. Davon abgesehen, dass viele Verpanschungen absolut legal sind, kommt es selbst bei offensichtlichen Verstößen nur selten zu empfindlichen Sanktionen wie Geldbußen, Berufsverboten oder – noch seltener – Gefängnisstrafen. Diese Milde mag bedauerlich sein, dennoch wünscht sich wohl niemand eine Renaissance mittelalterlicher Praktiken, wie z.B. das in Frankreich seinerzeit beliebte Ertränken von Weinfälschern in ihren eigenen Fässern.

Für die Konsumenten sieht das in einigen Teilen der Welt anders aus. Das muslimische Recht, die so genannte Scharia, sieht für den Genuss von Alkohol in jedweder Form bis zu 40 Peitschenhiebe vor. Der entsprechende „Paragraf“ findet sich im 92. Vers der fünften Koransure. „O Gläubige, der Wein, das Spiel, die Bilder und das Loswerfen (ein Glücksspiel) sind verabscheuungswürdig und ein Werk von Satan“, heißt es dort.

Auch christliche Fundamentalisten wirkten in diese Richtung, obwohl sich aus ihrem Leitwerk, der Bibel, ein Weinverbot schwerlich ableiten lässt. Ihr spektakulärster „Erfolg“ war sicherlich die 1919 besiegelte Verankerung eines totalen Alkoholverbotes in der US-amerikanischen Verfassung. Nachdem den politisch Verantwortlichen aufging, dass sich diese Maßnahme in erster Linie als gigantisches Konjunkturprogramm für die organisierte Kriminalität erwies, wurde das Experiment 1933 beendet. In der westlichen Welt ging man anschließend etwas subtiler vor und bemühte sich beispielsweise in Skandinavien, den Genuss von Alkohol durch horrende Steuern und abschreckende Verteilungsorganisation via Registrierungspflicht in apothekenähnlichen Spezialläden zu stigmatisieren. Allerdings mit wenig Erfolg.

Auch in Deutschland hat man es hin und wieder mit selbsternannten Sittenrichtern in Sachen Wein zu tun, doch dabei geht es weniger um Alkohol, sondern um political correctness. Seit frühester Jugend wurde ich mit allerlei Boykottaufrufen gegen Weine und andere Produkte aus bestimmten Ländern konfrontiert. In der Regel wurden zur Begründung Kriege, staatliche Unterdrückung oder Umweltsauereien angeführt. Obwohl ich den jeweiligen Anliegen der Boykottaktivisten stets ein gewisses Verständnis entgegenbrachte, mochte mir der Zusammenhang zu den jeweiligen Lebensmittel- und Weinproduzenten nie so recht einleuchten.

Meine persönliche Boykottboykott-Geschichte ist lang. Die Anfang der 70er Jahre verbreiteten Aufrufe zum Verzicht auf israelische Produkte (wegen Palästina) erinnerten mich zu stark an gewisse Erzählungen meiner Großmutter über „Kauft nicht bei Juden"-Kampagnen in den 30er Jahren. Die Boykottaufrufe gegen spanische Weine wegen der faschistischen Franco-Diktatur fielen in die Zeit meiner weitgehend alkoholfreien Jugend. Doch 1995 verlor ich meine weinpolitische Unschuld. Ich hatte bereits einige Grand Crus aus dem Elsass und dem Burgund sowie viele exzellente AOC- und Vin de Pays-Weine aus verschiedenen Regionen hinter mir, als die französische Regierung auf die beknackte Idee kam, auf dem Südsee-Atoll Mururoa ein paar Atombombentests durchzuführen. Natürlich beteiligte ich mich an Protesten vor der französischen Botschaft, doch die „Bewegung" wollte mehr: Aufgerufen wurde zum Lebensmittel- und Weinboykott.

Die Berliner Szene parierte. Schlagartig wurden in Kreuzberger Restaurants und Schöneberger Öko-Läden französische Weine aus dem Angebot verbannt und vorzugsweise durch italienische Produkte ersetzt, denn Silvio Berlusconi war damals erst ein weitgehend unbekannter Klein-Mafioso. Mir konnte zwar niemand erklären, was die französischen Winzer mit der Sauerei in der Südsee zu tun haben, doch die Szene stand wie ein Mann oder eine Frau.

Um nicht der sozialen Ächtung anheim zu fallen, mussten Vorsichtsmaßnahmen ergriffen werden. Heimlich besorgte ich mir im „bürgerlichen" Weinhandel einige anständige Muscats und Gewürztraminer aus dem Elsass und versteckte sie neben meiner kleinen Sammlung ansehnlicher französischer Roter in einem abgedeckten Extra-Regal in der

Kammer. Schließlich sollte niemand sehen, dass ich über Weine aus dem Land der Atomverbrecher verfüge. Falls dieser Unfug länger dauern und weitere Kreise ziehen sollte, wollte ich jedenfalls nicht ohne Vorräte dastehen. Mit meinem Rest an schlechtem Gewissen musste ich irgendwie klar kommen.

Die Sache verläpperte sich, und dann war lange Zeit Ruhe an der politischen Weinboykottfront. Statt dessen ging ich – mittlerweile weinjournalistisch tätig – selber in die Offensive und rief u.a. zum Verzicht auf deutsche „Classic"-Weine, Cabernets von der Mosel und internationale Holzspangülle auf. Sozusagen eine geschmackspolitische Boykottinitiave.

2003 änderte sich die Lage schlagartig. Die USA und Großbritannien begannen unter fadenscheinigen Vorwänden ihren Krieg gegen den Irak. Natürlich ging ich dagegen auf die Straße, doch die einschlägigen Boykottaufrufe ließen nicht lange auf sich warten. Eigentlich war ich diesmal fein raus: Überseeweine interessierten mich nur mäßig bis gar nicht, und da ich weder Spargel noch Erdbeeren aus Peru oder Grönland esse, trinke ich auch keinen Wein aus England. Deutschland und Frankreich machten ja den Krieg glücklicherweise nicht so richtig mit.

So ganz konnte ich mich allerdings nicht davonstehlen. Bei einem Rundgang durch meinen Weinkeller entdeckte ich einen 96er Cabernet Sauvignon Private Reserve vom kalifornischen Weingut Beringer, den ich als Geschenk auf einer Verkostung erhalten hatte. Ein Edeltropfen, dessen optimale Trinkreife laut Weinpass frühestens 2006 erreicht sein würde.

Was tun? Ein Flaschenwurf auf die US-Botschaft kam nicht in Frage, aus dem Alter bin ich raus. Entsorgung im Ausguss? Zu profan. Doch ein bisschen Protest muss sein. Voller Schadenfreude entkorkte ich den „Imperialistentropfen“ am 30. März 2003, also eindeutig vor seiner prognostizierten Hochgenussphase. Den Triumph, dass sich einer seiner Weine in meiner ewigen Rangliste im Vorderfeld platziert, wollte ich dem US-Winzer dann doch nicht gönnen.

Doch es hat nicht funktioniert, der Wein war einfach großartig! Tiefe, warme Beerentöne, gut ins Holz eingebundene Tannine, ein samtiger Abgang mit dezenten Kaffee- und Tabaknoten. Ohnehin war es höchste Zeit, die politische Korrektheit für immer und ewig aus dem Kriterienkatalog für die Beurteilung eines Weines zu streichen. Schließlich gibt es viele gute Gründe, bestimmte Weine zu vermeiden und öffentlich zu geißeln. Die Staatsangehörigkeit des Winzers sollte aber nicht dazu gehören. Imperialistische Kriege und Atombombenversuche lehne ich natürlich weiterhin ab.

Schmeckt sauer

Geschmack hat man nicht, sondern muss ihn erlernen

Als einigermaßen kundiger, in Theorie und Praxis erfahrener Weinfreund wird man von seinen Mitmenschen mitunter harten Prüfungen unterzogen, deren Bestehen nahezu buddhistisch anmutende Geduld und Gelassenheit erfordert. Denn auch äußerst angenehme, mit reflektiertem Verstand und einer gewissen Weltoffenheit ausgestattete Zeitgenossen mutieren im Zusammenhang mit Wein nicht selten zu eindimensional denkenden, vorurteilsbeladenen Dampfplauderern. In mehr oder weniger linken Kreisen sieht man sich als Geschmacksverfechter zudem schnell dem Vorwurf „bourgeoiser Allüren“ ausgesetzt.

Die Liste der gängigen Verdikte ist lang. Man trinke keinen Riesling, weil dieser „zu sauer“ sei, bekommt man des Öfteren zu hören. Andere bevorzugen bei Rotweinen „Italiener“, „Spanier“ oder „Franzosen“, weil die „viel fruchtiger“ als „Deutsche“ seien. Vorsichtige Zweifel an dieser Feststellung und Versuche der Differenzierung werden in der Regel mit Hinweisen auf „das wärmere Klima“ in diesen Ländern gekontert, durch welches die dortigen Weine „viel reifer“ würden. Als Beleg wird dafür ferner „die Farbe“ ins Feld geführt, die ja wohl zeige, dass diese Weine „besser“ seien. Man beginnt in solchen Momenten zu verstehen, warum die ursprünglich ausschließlich zum Zweck der Färbung „blasser“ deutscher Rotweine gezüchtete Rebsorte Dornfelder sich zeitweilig auch in ihren abscheulichsten Varianten zum Chartstürmer der deutschen Weinwirtschaft entwickelt hatte.

Doch die Liste der Blödheiten ist wesentlich umfangreicher. Trendbewusste Trockentrinker weisen gerne darauf hin, dass so genannte halbtrockene (was für ein Wort!) oder gar süße Weine stets „mit Zucker gepanscht“ seien. Bei näherer Betrachtung der Vorlieben dieser Weinfreunde fällt allerdings oft auf, dass es ihnen in erster Linie darum geht, dass auf dem Etikett „trocken“ steht, aber gerne ordentlich Süße schmeckbar sein soll. Man will ja schließlich keine „sauren“ Weine trinken. Süßmäuler behaupten dagegen unerschütterlich, dass trockene Weine viel mehr Säure enthielten, und versehen sie pauschal mit Attributen wie „schlecht bekömmlich“ oder gar „schädlich für den Magen“.

Natürlich brauche ich den Lesern dieses Buches nicht zu erklären, dass und warum dies alles fulminanter Unfug ist. Doch gleichermaßen meinungssichere wie unbedarfte Weinkonsumenten reagieren auch auf das zarteste in Frage stellen ihrer „Meinungen“ abwehrend bis aggressiv. Alles was Wein betrifft, sei ohnehin „reine Geschmackssache“ und dieser sei nun Mal „verschieden“, lautet das beliebte Totschlagargument. Wer sich dann erdreistet einzuwenden, dass man Geschmack wie viele andere Dinge im Leben nicht „hat“, sondern erlernen muss, und dass Geschmacksempfinden zum Teil von recht objektiven chemischen Prozessen geprägt wird, ist in der Regel endgültig unten durch. Wer will schon wissen, dass sein „individueller Geschmack“ – ob er will oder nicht – in erster Linie aus der Wahrnehmung der fünf Geschmackssinne süß, salzig, sauer, bitter und umami (Proteingeschmack) besteht, und dass diese Geschmackssinne – besonders bei der Kombination von Wein und Speisen – in heftige Interaktionen treten; mit sowohl beglückenden als auch grauenvollen Ergebnissen.

Was als „individueller Geschmack“ verteidigt wird, ist nicht selten das traurige Ergebnis einer verhängnisvollen Sozialisation. In der Kindheit und in der Jugend erlebte Glücksgefühle beim übermäßigen Genuss von Coca Cola, Marshmallows, Gummibärchen und ähnlichen Giften sind tief im Gehirn verankert. Genau daran knüpfen erwachsene Weintrinker dann – unbewusst – an. Und wer die Mühe scheut, sich auf Entdeckungsreisen zu begeben, wird nie aus der Rolle des Opfers der globalen Aromaindustrie herausschlüpfen können.

Sagen darf man das den Betreffenden allerdings nicht, jedenfalls nicht so direkt. Es sei denn, man nimmt in Kauf, seinen Bekanntenkreis radikal reduzieren zu müssen. Einladungen zu ungewohnten Weinvergnügungen können dagegen in vielen, aber nicht allen Fällen zu erstaunlichen Fortschritten führen. Sogar bei der linken Ex-DDR-Tageszeitung junge Welt, wo ich als Politikredakteur tätig bin, ist mittlerweile bei entsprechenden Anlässen der Genuss von guten deutschen Winzersekten auf dem Vormarsch, während „Rotkäppchen halbtrocken“ nur noch selten gesichtet wird, um ein Beispiel zu nennen.

Noch eine Weintrinker-Spezies sollte nicht unerwähnt bleiben: Der Öko-Jünger. Er nimmt für sich in Anspruch „bewusst“ zu genießen.

Nun bin ich der Letzte, der den Trend zu umweltverträglich produzierten und möglichst schadstoffarmen Lebensmitteln nicht schärfstens unterstützt. Wenn ich – was selten vorkommt – Lust auf Rindfleisch verspüre, greife ich gerne etwas tiefer in die Tasche, um Teile von zertifizierten Weiderindern oder gar mal ein Charolais-Steak zu erstehen, statt die Überreste von gedopten und genfoodgemästeten Turbokühen in die Pfanne zu hauen. Meinen immensen Obstbedarf (jeden Morgen ein frisch gepresster Saft) decke ich wenigstens saisonal mit unbehandeltem brandenburgischen Streuobst und einigen Selbstanpflanzungen aus meinem garantiert synthetikdünger-, pestizid-, herbizid- und fungizidfreien Gartengrundstück. Bei Tomaten, Paprika, Möhren, Gurken usw. bin ich ebenfalls auf dem Weg zur saisonalen Selbstversorgung. Und was dann noch fehlt, wird – nicht immer, aber immer öfter – im Bioladen oder wenigstens als gelabeltes Produkt im Supermarkt erstanden. Bei Wein ist das mit der Selbstversorgung aber nicht so einfach. Zwar habe ich auch ein paar Elbling-Reben in den märkischen Sand gesetzt, doch außer ihrem berückenden Anblick und einigen wohlschmeckenden Tafeltrauben ist da wenig zu holen.

Doch zurück zum Öko-Jünger. Er behauptet in der Regel steif und fest, dass Bioweine schadstoffärmer und somit „gesünder“ seien. Die Entgegnung, dass auch bei konventionell erzeugten Weinen – von wenigen Ausnahmen abgesehen – Dünger- und Spritzmittelrückstände im Endprodukt nicht nachzuweisen sind, nimmt er in der Regel mit Ungläubigkeit zur Kenntnis. Ein bisschen punkten kann er mit dem Erhalt der Artenvielfalt und dem Einsatz von „Nützlingen“ bei der Schädlingsbekämpfung im Ökoweinbau. Themen, wie die bei Ökowinzern übliche Substitution von Fungiziden durch Kupferpräparate und deren Anreicherung im

Boden, sind ihm meist zu speziell. Er beharrt darauf, dass Bioweine weitgehend „naturbelassen“ bzw. „unverfälscht“ seien, was angesichts der auch im Ökoweinbau zugelassenen Manipulationsmethoden bei der Verarbeitung, von der Maischeerhitzung über die Mostkonzentration bis hin zum Einsatz von Aromahefen, eine – gelinde gesagt – gewagte Behauptung ist. Dass es außer dem sechseckigen Bio-Label der EU und zusätzlichen Siegeln von Ökoanbauverbänden noch andere gewichtige Kriterien für die Weinqualität geben könnte, mag diesem Weintrinkertypus nicht einleuchten. Anscheinend trinkt er „bewusst“, egal ob es schmeckt. Was nicht heißt, dass nicht viele Biowinzer mittlerweile weltweit zu den Spitzenerzeugern gehören und auch im unteren und mittleren Preissegment tolle Weine mit dem sechseckigen Label offeriert werden. Aber der bei Plus (mittlerweile Netto) für 2,29 angebotene „Bio-Rivaner“ schmeckt einfach dumpf und plump und der „Bio-Spätburgunder“ vom Winzerkeller Breisach steht ihm da in nichts nach. Es gibt jedoch nicht den geringsten Grund, miese Weine zu trinken, und wer die Welt mit schlechtem Geschmack verbessern will, ist mit Sicherheit auf dem Holzweg.

„Was tun?“ fragte bereits der russische Revolutionsführer W.I.Lenin. Wie auch andere Ideologen sah er den Lösungsansatz aller wesentlichen Fragen in der „Veränderung des Bewusstseins“ der Massen. Man muss kein Kommunist sein, um diesem Leitgedanken zustimmen zu können. Dieser Weg erfordert Geduld und Gelassenheit. Auch im Umgang mit desorientierten und teilweise verstockten Weinkonsumenten. Es gibt sicherlich drängendere gesellschaftliche Probleme, doch auch zu deren Lösung können genussfähig gewordene Menschen erheblich beitragen.

„Der ist sein Geld nicht wert“

Versuch einer Politischen Ökonomie des Weingenusses

Wer Geld in den Erwerb einer Ware, z.B. einer Flasche Wein, investiert, erwartet dafür einen gewissen Gegenwert. Die Erwartungen an das erworbene Produkt steigen natürlich mit der aufgewendeten Summe. Bei 79 Cent für einen „Küferschoppen“ im Tetrapack, hat man wenig Grund, sich über sensorische oder andere Mängel dieses Produktes zu beklagen. Wer aber 5, 10, 20, 30, 50 oder noch viel mehr Euro für einen Wein ausgibt, hat entsprechende Äquivalenz-Erwartungen. Nicht selten kommt der Konsument nach dem Genuss der erworbenen Flasche zu der Einschätzung, dass dieser Wein das aufgewendete Geld nicht „wert“ gewesen sei.

Nun will ich das subjektive Empfinden bei der Beurteilung eines Weines nicht prinzipiell in Frage stellen, doch die Frage nach dem Wert ist wesentlich komplizierter. Karl Marx, Friedrich Engels und deren Grundthesen folgende Ökonomen definieren den (gesellschaftlichen) Wert einer Ware anhand des Anteils menschlicher Arbeitszeit an ihrer

Herstellung. Schließlich sei jegliche nicht für den Selbstverbrauch gedachte Produktion von Waren die Grundlage der Reproduktion der Produzenten, sagen die Marxisten. Weniger abstrakt ausgedrückt heißt das: Wer etwas herstellt, muss dafür einen Gegenwert erhalten, um seinen eigenen Lebensunterhalt angemessen sichern zu können. Aus dem gesellschaftlichen Charakter der Produktion ergibt sich für Marx die Notwendigkeit, diese auch gesellschaftlich zu organisieren, d.h. die Produktionsmittel in Gemeineigentum zu überführen und Art und Umfang der Warenherstellung nicht an singulären Profitinteressen, sondern an gesellschaftlichen Bedürfnissen zu orientieren.

Die gemeinhin mit den Attributen „bürgerlich" oder „(neo)liberal" versehenen Ökonomen definieren den Wert einer Ware dagegen über den zu erzielenden Preis, der – möglichst unreguliert – durch das Verhältnis von Angebot und Nachfrage entsteht. Der Anteil der menschlichen Arbeit bei der Wertschöpfung wird in diesem Weltbild auf variable „Lohnstückkosten" reduziert. Die menschliche Arbeitskraft wird also ebenfalls als Ware definiert, die nach reinen Marktgesetzen zu bezahlen ist.

Doch kommen wir zurück zu Karl Marx (der sich in mehreren Zeitungsartikeln und einer Passage seines Hauptwerkes „Das Kapital" auch mit der Not der Moselwinzer beschäftigte) und Wein. Der Anteil menschlicher Arbeit an dessen Erzeugung differiert erheblich. Natürlich muss auch der Einsatz von Maschinen in diese Rechnung einfließen. Schließlich wurden diese auch von Menschen produziert. Dennoch: Der Einsatz von – möglicherweise längst abgeschriebenen und damit „wertlosen" – Vollerntern, Bodenlockerern und Entlaubern in großflächigen Weinfeldern, schafft für das Endprodukt eine andere (gesellschaftliche) Wertigkeit, als die überwiegend auf Handarbeit basierende Bewirtschaftung von Steillagen. Weitere objektivierbare Wertfaktoren sind u.a. der Ertrag pro Hektar, klimatische und rebsortenspezifische Ausfallrisiken, sowie Art und Umfang der Weiterverarbeitung im Keller. Alleine der Ausbau von Rotweinen in neuen Barrique-Fässern schlägt mit zwei Euro und mehr pro Flasche zu Buche, während der beliebte Einsatz von Holzchips oder künstlichen Aromen in Stahltanks nur Cent-Bruchteile erfordert. Wer auf Spontanvergärung statt Reinzuchthefen setzt, muss stets damit rechnen, dass ein Teil der Weine nicht durchgärt und möglicherweise kaum zu vermarkten ist. Der Verzicht auf chemische Keulen im Weinberg kann ebenfalls teuer zu stehen kommen. Im Wert eines Weines bilden sich daher Faktoren ab, die nicht in allen Fällen unmittelbar anhand der subjektiv empfundenen Produktqualität nachzuvollziehen sind.

Auch Marxisten dürften demnach kein Problem damit haben, dass die Preisspannen auf dem Weinmarkt enorm sind. Schließlich hat auch in ihrer Lesart jede produzierte Ware einen Gebrauchs- und somit einen Tauschwert. Auf Wein bezogen bedeutet dies, dass dieses Getränk zwar in jedem Fall Wasser (bis zu 85 Prozent), Zucker, Alkohol, Säuren, Farb- und Gerbstoffe (Polyphenole), Eiweißverbindungen, Vitamine, Mineralstoffe, Spurenelemente, gelöste Extrakte, Aromen und weitere, teilweise noch nicht identifizerte Inhaltsstoffe enthält, aber dennoch große Qualitätsunterschiede bestehen, die Gebrauchs- und Tauschwert und somit den Preis beeinflussen.

Für eine verkorkte, etikettierte Flasche Wein sind weltweit inklusive Marketingaufwendungen, Abschreibungen, Neuinvestitionen (die teilweise durch Subventionen kompensiert werden) und angemessenem

Gewinn ohne weiteres Produktionskosten von unter einem bis – wohlwollend kalkuliert – dreißig Euro denkbar. Bei seltenen Spezialerzeugnissen wie Trockenbeerenauslesen und Eisweinen mitunter sogar deutlich mehr. Der Endverkaufspreis wird – außer bei teilweise oder ausschließlich direkt vermarktenden Betrieben – ferner durch die Margen der Zwischen- und Einzelhändler in die Höhe getrieben.

Der letztlich vom Konsumenten aufzubringende Preis des Weines steht somit oft in keiner unmittelbaren Relation zu seinem „Wert". So manche bei Discountern erhältliche deutsche „Spätlese" für 1,99 Euro oder im gleichen Preissegment angesiedelte Resteverwertungen in Deutschland abgefüllter, nicht mehr höherpreisig mit Markennamen verkäufliche Überseeweine sind angesichts ihrer Qualität alles andere als „preiswert". Auf der anderen Seite gibt es z.B. bei direkt vermarktenden Steillagenwinzern am Mittelrhein Riesling-Spätlesen, die diesen Namen verdienen, für 6 Euro ab Hof, und man fragt sich, warum derart großartige Weine, die u.a. das Ergebnis mehrerer, in Handarbeit geleisteter selektiver Vorlesen sind, die den Hektarertrag auf 40-45 Hektoliter reduzieren, zu diesem Preis angeboten werden können. „Der Markt gibt nicht mehr her", hört man von solchen Winzern. Sie wissen, dass ihre Nachbarn, deren Flaschen vom stolzen Adler des Verbandes der Deutschen Prädikatswinzer (VDP) gekürt sind, für vergleichbare Weine rund 50 Prozent mehr erlösen können.

Dieses Phänomen war dem ollen Marx durchaus bekannt. Er nannte es den „Fetischcharakter" von Waren. Dem Käufer wird ein „Mehrwert" suggeriert, der weder einen Bezug zum gesellschaftlichen noch zum Gebrauchswert hat. Wobei kein Weinfreund die Verdienste des VDP in

Frage stellen wird. Er hat die staatliche Verdummung der Verbraucher, denen die „Wertigkeit" von Weinen auf der Basis des Zuckergehaltes des Mostes untergejubelt werden soll, massiv angegriffen. Er hat den „Kabinett", „Spät"- und „Auslese"-Unsinn partiell über Bord geworfen, und die Weinbergslage als entscheidendes Kriterium für große Weine in den Vordergrund gerückt, ergänzt durch strenge Ertragsbegrenzungen und andere Parameter. Und auch die Basisweine der VDP-Winzer unterliegen Restriktionen, die weit über das deutsche Weingesetz hinausgehen.

Dennoch bleibt festzustellen: Die „Großen Gewächse", aber auch die Lagen- und Gutsweine vieler VDP-Güter haben – beflügelt durch Export- und Binnenmarkterfolge – teilweise ein Preisniveau erreicht, das nur noch mit dem besagten Fetischcharakter und keinesfalls mit einem wie auch immer definierten „Wert" erklärt werden kann.

Im Vergleich zu bestimmten gehypten Gütern in Italien, Spanien, dem Burgund, dem Bordelais und Kalifornien muten die VDPler allerdings noch wie Waisenknaben an. Französische Spitzengüter vertreiben seit Jahren Subskriptionen auf künftige Jahrgänge. Die Kunden erwerben für mitunter dreistellige Eurobeträge pro Flasche das Anrecht auf Weine, von denen niemand weiß, wie gut sie sein werden.

Doch der Fetisch-Faktor ist auch einige Etagen tiefer zu beobachten. Im kleinen Anbaugebiet Saale-Unstrut kokettiert man erfolgreich mit den schwierigen klimatischen Bedingungen und dem entsprechend niedrigen Ertrag, um auch für äußerst müde Weine exorbitante Preise aufzurufen. Der Exotenbonus der Sachsen-Anhaltiner und Thüringer (und neuerdings auch Brandenburger!) scheint sich auszuzahlen. Doch wenn ein furchtbarer „Kernling“ oder „Müller-Thurgau“ von der Saale oder gar Havel einen höheren „Tauschwert“ als der bereits erwähnte Steillagenriesling vom Mittelrhein hat, bekommt man Zweifel an der „Unbestechlichkeit“ und „Gerechtigkeit“ des Marktes. Nicht unerwähnt sollte allerdings bleiben, dass einige Winzer der Region sehr gute bis großartige gebietstypische Weine herstellen, die ihren Preis allemal wert sind.

Eines sollte jedoch von prinzipiellen Anhängern der Marxschen Lehren freimütig eingeräumt werden: Der volkseigene Weinbau ist auch in Ländern mit großem Potenzial wie Ungarn, Bulgarien – und von mir aus auch Sachsen – den Beweis schuldig geblieben, dass eine vergesellschaftete Produktion zu befriedigenden Ergebnissen führen kann. Vielleicht klappt's ja beim nächsten Versuch, falls es einen geben sollte.

Vorsicht, Rosstäuscher

Entscheidend ist im Glas und nicht auf dem Etikett oder dem Werbeflyer

Ein Prosit auf die Globalisierung! Auch in der abgefucktesten Discounterfiliale in Geiselhöring oder Halle-Neustadt kann der Kunde mittlerweile auf ein reichhaltiges Weinangebot aus fast allen Kontinenten zurückgreifen. Nur Asien hat noch einen gewissen Nachholbedarf, doch auf die ersten Chardonnays und Cabernets aus China oder Vietnam wird man nicht mehr lange warten müssen. Das klingt nach Vielfalt, ist aber das genaue Gegenteil. Die globalisierte Weinwirtschaft setzt seit Jahren auf vereinheitlichte Geschmacksprofile und kann ihr erklärtes Ziel, den Geschmack eines Weines von seiner Herkunft, dem Jahrgang und den jeweiligen klimatischen und geologischen Bedingungen loszulösen, mit Hilfe moderner Technologien problemlos umsetzen.

Natürlich hat auch der Kunde längst gemerkt, dass Cabernets, Merlots und Chardonnays – um die wichtigsten „Weltweinsorten“ zu nennen – im unteren und teilweise auch im mittleren Preissegment absolut austauschbar, quasi staatenlos sind. Den Weinmultis ist das recht: Sie versuchen nur noch bei prestigeträchtigen Bezeichnungen wie „Bordeaux", „Rioja" oder „Chianti" die Herkunft als besonderes Merkmal hervorzuheben, setzen ansonsten auf die Etablierung von Rebsorten als „Marken". So beinhaltet das gängige Chardonnay-Profil relativ viel Alkohol, wenig Säure, „Körperreichtum" und im Zusammenhang mit Holz auch „rauchige" und „nussige" Aromen. So ist es jedenfalls in den Werbeprospekten von Aldi & Co nachzulesen. Passen soll er demnach zu „hellem Fleisch, Fisch und Meeresfrüchten". Merlot wird als „weich" angepriesen, gerne werden ihm „Pflaume und Brombeere" zugeschrieben. Der Cabernet Sauvignon aus Irgendwoher soll dagegen mit den unvermeidlichen schwarzen Johannisbeeren punkten und besonders gut zu „Wild und würzigem Käse" passen. Die deutschen Großabfüller konterten besonders mit Dornfelder, der oft als „dicht und purpurrot mit violetten Reflexen" und „mit intensiver Frucht, die an Brombeeren, Cassis, etwas Sauerkirschen und Holunder erinnert" beworben wird. Gerne wird bei allen diesen Weinen auch auf die durch den angeblichen „Ausbau im Barrique-Fass" entstandene „dezente Vanille-Note" verwiesen. Als Mischform aus Rebsorten- und Herkunftspromotion findet man in diesem Segment besonders „Pinotage" aus Südafrika, „Zinfandel" aus Kalifornien und „Pinot Grigio" und „Soave" aus Italien, die ebenfalls mit griffigen Geschmacksangaben beworben werden. Die dritte Säule der Konsumentenverdummung sind „Markennamen" wie „Antinori", „Louis Eschenauer", „J.P.Chenet" oder auch „Villa am Weinberg", hinter denen sich Großkellereien verbergen.

Die Aromaversprechen werden in der Regel wenigstens teilweise eingelöst. Erreicht wird damit, dass sich bei den Verbrauchern ein begrenztes, positiv besetztes Geschmacksstereotyp festsetzt. In den marktbeherrschenden Weinvertriebsstellen – alleine Aldi hat bei Wein einen mengenbezogenen Marktanteil von über 20 Prozent – wird der Kunde – abgesehen von teilweise erstaunlichen Sonderaktionen – keine anderen Weine finden.

Das reicht offenbar aus, um Otto Normalweintrinker von geschäftsschädigenden Entdeckungsreisen in die wirkliche Weinkultur abzuhalten. Wem man etwas mehr Geld aus der Tasche ziehen will, dem muss man aber auch mehr bieten. Ein Cabernet im zweistelligen Eurobereich macht es da selten unter „Lack, Leder, Tabak, nasses Unter- oder Zedernholz, Wildfell, geröstete Aprikosen, Lakritze, Paprika und Kakao". Oder darf's ein wenig „Flieder, Karamell, Nougat und Zigarrenrauch" sein? Als Zugabe gibt es dann noch den „Terroircharakter". Für den Kunden ist das äußerst praktisch: Er braucht Weine nicht mehr zu entdecken, sondern bekommt die ausgefüllte Checkliste für deren „Qualität" gleich mitgeliefert.

Das heißt nicht, dass professionelle Weinbegutachtung auch in Hinblick auf die Aromen prinzipiell sinnlos ist. Das Problem ist der Schindluder, der damit getrieben wird. Müdeste, uniformierte Weine werden mit den abenteuerlichsten Attributen belegt. Wer die vorgeblich schmeckbaren Aromen dann nicht erkennt, wird sich hüten, dies zuzugeben, weil er sich andernfalls als vinologischer Kretin outen würde.

Bei deutschen Weinen kommt der systematische Etikettenschwindel dazu. Einige tausend Leute sind hierzulande als hauptberufliche Rosstäuscher in Lohn und Brot. Sie arbeiten z.B. bei der Deutschen Landwirtschaftsgesellschaft (DLG), bei Weinbauverbänden, bei Werbe- und Marketingagenturen oder sorgen auf nationaler und europäischer Ebene als Politiker oder Beamte dafür, dass der Verbraucher auf dem Gesetzesweg für dumm verkauft wird.

Einen ihrer idealtypischen Musterweine, nennen wir ihn „2008er Nebelwerfer Flachwiese Riesling Spätlese trocken“ sollte man einmal genauer unter die Lupe nehmen. Denn einige dicke Fragezeichen sind angebracht. So erlaubt das deutsche Weingesetz bis zu einem bestimmten Prozentsatz Beimischungen aus anderen Gebieten, Rebsorten und Jahrgängen, ohne dass dies gekennzeichnet werden muss. Bei der Herkunftsbezeichnung handelt es sich in der Regel ohnehin um eine so genannte Großlage, die sich über Hunderte von Quadratkilometern erstreckt. Sonnenexposition, Hangneigung, Niederschlagsmenge und Bodenbeschaffenheit sind innerhalb dieser Großlagen derartig verschieden, dass von einem irgendwie dafür typischen Wein keinesfalls die Rede sein kann. Die „Spätlese“ muss keinesfalls spät gelesen sein, wie der Name suggeriert. Sie muss lediglich eine bestimmte Zuckermenge im unvergorenen Most aufweisen, um das begehrte Prädikat zu erhalten. Und unter „trocken“ versteht man hierzulande einen Restzuckergehalt von bis zu neun Gramm pro Liter, was bei Weinen ohne entsprechendes Säure- und Aromengerüst schon richtig pappig süß schmeckt.

Doch wenn dieser „edle Tropfen“ für mehr als 2,49 Euro (was schon über dem in Deutschland erzielten durchschnittlichen Flaschenpreis liegt) verkauft werden soll, müssen noch ein paar „Auszeichnungen“ her. Und so zieren unseren Musterwein diverse „Medaillen“ und „Weinsiegel“, die von o.g. Institutionen äußerst freigiebig verteilt werden. Man hört von Landesweinverkostungen, wo jedem Winzer, der die entsprechenden „Anstellungsgebühren" für seine Weine entrichtet, bereits vor der Probe garantiert wird, dass er wenigstens eine Medaille erhält. Auch muss ein Weinbauer, der diesen Unfug nicht mitmachen will, damit rechnen, bei allen werblichen Aktivitäten des Verbandes ignoriert zu werden

Eine klassische „win-win"-Konstellation also. Die Verbände nähren ihren Apparat und die Winzer kriegen Medaillen und ein bisschen Promotion. Der Dumme ist der Konsument.

Ich trinke übrigens gerade einen großartigen, preiswerten „Landwein der Mosel". Keine Anerkennung als „Qualitätswein bestimmter Anbaugebiete", kein Prädikat, keine Medaille, keine Aromencheckliste im Prospekt. Auf dem Etikett steht „nur" der Name des Winzers (Stefan Steinmetz), die Rebsorte (Auxerrois), der Charakter (trocken) und der Jahrgang (2008). Laut deutschem Weingesetz könnte es eine mit einem nichts sagendem Lagennamen versehene „Spätlese" sein, und ein paar Medaillen und Siegel hätte er sicherlich auch abstauben können, doch Steinmetz hat sich das Geld für diese Schaumschlägerei gespart. Er ist in der glücklichen Lage auf das Urteilsvermögen seiner Kunden vertrauen zu können. Aufgeklärte Weintrinker brauchen keine Medaillen.

Schlau trinkt besser

Zur Rolle der Bildung für die Entstehung einer demokratischen Weinkultur

Die Idee eines „linken Weinbuchs" erscheint auf den ersten Blick etwas abseitig. Niemand wird ernsthaft behaupten, dass es linke oder rechte, sozialdemokratische oder liberale Weine gibt. Bei Attributen wie „konservativ" und „ökologisch" erscheint eine gewisse Zuordnung dagegen durchaus möglich. Dennoch sollte man Wein lieber anhand einer Skala beurteilen und einordnen, die in beliebig differenzierbaren Abstufungen zwischen den Polen „großartig" und „grauenvoll" verläuft. Wein ist allerdings kein isoliertes Produkt, sondern Bestandteil der Warenproduktion und der Alltagskultur. So lohnt sich eine abstrahierende Betrachtung, ohne dabei den Bezug zum Dreh- und Angelpunkt entsprechender Reflektionen zu verlieren, nämlich den Wein an sich, und ob er schmeckt oder nicht.

Die Veredelung von Pflanzenbestandteilen zu nicht nur nahrhaften, sondern auch wohlschmeckenden Lebens- und Genussmitteln gehört zu jenen Leistungen des Homo sapiens, die ihn von allen anderen Gattungen fundamental unterscheidet. Und die Wein-Kultivierung gehört sicherlich nicht zu den schlechtesten evolutionären Entwicklungen. Was vermutlich vor rund zehntausend Jahren mit aus heutiger Sicht äußerst primitiven Verfahren zur Vergärung wild wachsender Beeren der Art Vitis vinifera sylvestris begann, findet heute auf hohem wissenschaftlichem und technologischem Niveau statt.

Stets gab es bei der angestrebten „Verbesserung" der Weinqualität auch Irrwege. Und auch heute kann man berechtigte Zweifel hegen, ob beispielsweise die in einigen Ländern mittlerweile legalen Verfahren zur Isolierung von Weinbestandteilen wie Zucker, Säure, Wasser und Alkohol und ihre anschließende Zusammenführung in beliebiger Form, die Verwendung künstlicher Aromen oder die Mostkonzentration zur Erhöhung des Alkoholgehaltes, Fortschritte für die Weinkultur darstellen. Auch die besonders in Deutschland verbreitete Neuzüchteritis, die Etablierung von marktbeherrschenden „Weltweinsorten" und der Einsatz der „grünen Gentechnik" sollten mit Misstrauen beäugt werden.

Auf der anderen Seite haben u.a. moderne Verfahren zur Klonselektion und die temperaturkontrollierte Vergärung in Edelstahltanks dazu geführt, dass mittlerweile weltweit auch im unteren Preissegment unzählige Weine produziert und angeboten werden, die man unfallfrei genießen kann, auch wenn höhere Ansprüche an Authentizität, Typizität und Komplexität dabei nicht befriedigt werden können.

Dies ist nicht der einzige, aber ein wesentlicher Gesichtspunkt für eine „linke" oder – wenn der Begriff zu polarisierend oder diskreditiert erscheint – „demokratische“ Weinkultur. Beim heutigen Stand der Produktivkräfte ist es möglich, dass – zumindest in den Industrie- und Schwellenländern – nicht nur eine kleine begüterte Elite, sondern große Teile der Bevölkerung an der Weinkultur teilhaben können.

Demokratie heißt zwar wörtlich aus dem Griechischen übersetzt „Volksherrschaft“, doch das führt in die Irre, weil der antike Volksbegriff beispielsweise Frauen und Arbeitssklaven ausschloss. In modernen Definitionen ist eher von der „umfassenden Teilhabe“ des Volkes die Rede. Die politische Teilhabe manifestiert sich – als Minimum – in allgemeinen und freien Wahlen zu mit legislativen Rechten ausgestatteten Volksvertretungen. Dazu kommen Grundrechte wie die Versammlungs-, Vereinigungs-, Presse- und Meinungsfreiheit, Formen direkter Demokratie (Volksentscheide) und der Wirtschaftsdemokratie (Betriebsräte und Mitbestimmung). Die materielle Teilhabe basiert entweder auf vorhandenem Vermögen, auf Erwerbstätigkeit oder auf Transferleistungen, z.B. bei Verrentung, Krankheit oder Erwerbslosigkeit.

Unerlässlich für das Funktionieren einer demokratischen Gesellschaft ist ferner die Möglichkeit der (sozio)kulturellen Teilhabe. Neben einem Minimum an materiellen Ressourcen ist dafür Bildung in jeglicher Form der entscheidende Schlüssel. Bildung bedeutet nicht nur Vermittlung von gesellschaftlich notwendigen Verhaltensformen, sowie Elementar- und Spezialwissen, sondern sollte die dauerhafte Aktivierung der Neugier auf neue Erkenntnisse zum Ziel haben. Wem dies verweigert wird, der läuft u.a. Gefahr, sein Leben auf einfachste Formen der Bedürfnisbefriedigung zu reduzieren und keine Genussfähigkeit zu entwickeln. Er wird sich – egal, ob er zu den „absolut“ oder „relativ“ materiell armen Menschen gehört – auch nicht für kostenlose oder äußerst preisgünstige Kulturangebote wie subventionierte Konzert- und Theaterkarten oder öffentliche Bibliotheken interessieren. Er wird keinen Gedanken an schmackhafte und gesunde, aber dennoch bezahlbare Nahrung verschwenden. Und er wird alkoholische Getränke als willkommene Dröhnung begreifen und sich Wein ebenfalls unter dieser Prämisse einverleiben.

Wein ist ein Kulturgut, eine großartige Errungenschaft der Menschheit, wie die Musik, das Theater, die Malerei, die Literatur, die Wissenschaften – und auch die Demokratie, sofern sie nicht nur formal, sondern umfassend realisiert wird. Die Vinifizierung von weltweit über 10.000 registrierten Keltertrauben hat zu einem Facettenreichtum geführt, welches den Wein nicht nur über andere Alkoholika, sondern über alle anderen Getränke hinaus hebt.

Zu einer demokratischen Weinkultur gehört die Entelitarisierung des Weingenusses. Das heißt nicht, dass künftig jeder Hartz-IV-Empfänger oder Niedriglöhner ein staatlich finanziertes Kontingent an burgundischen Grand Crus und Großen Gewächsen aus dem Rheingau erhalten muss. Das bedeutet vielmehr, dass die Entwicklung und Förderung der Genussfähigkeit als Bildungsauftrag verstanden wird. Jeder Mensch sollte – sofern er am Weingenuss interessiert ist – in die Lage versetzt werden, einen guten von einem schlechten Wein unterscheiden zu können, besonders im unteren und mittleren Preisbereich. Er sollte wissen, wie die Weinwirtschaft strukturiert ist, welche Geschmacksnuancen es gibt und welche Parameter die Weinqualität beeinflussen. Es wäre eine Aufgabe der allgemein bildenden Schulen, aber auch der Volkshochschulen und anderer Freizeitbildungsträger, entsprechende Kenntnisse zu vermitteln, doch sie tun es in der Regel nicht. Besonders Menschen mit schmalem Geldbeutel sollten aber wissen, dass es auch für sie Alternativen zu der Industrieplörre von Aldi & Co gibt.

Weinjournalisten und -autoren käme dabei eine besondere Verantwortung zu. Doch die widmen sich vorrangig höherpreisigen Produkten, deren Erwerb nach wie vor auch eine soziale Frage ist. Wen wundert's: Schließlich bekommen sie die besprochenen Tropfen in der Regel gratis. Ohnehin bestreitet in der Branche – unter vier Augen, versteht sich – fast niemand, dass es gewisse Zusammenhänge zwischen geschalteten Anzeigen und Weinbesprechungen gibt.

Mein Plädoyer für eine demokratische Weinkultur bezieht sich aber nicht nur auf die Einbeziehung materiell ärmerer Menschen. Auch in Kreisen von Normal- und Besserverdienenden stößt man in Sachen Wein auf jede Menge Dummheit, Borniertheit und Ignoranz. Man setzt sich nicht mit Wein auseinander, sondern kauft seinen Keller anhand von Empfehlungen. Gerne lädt man Nachbarn und Freunde ein, um seine Errungenschaften zu präsentieren, Großmannssucht und Imponiergehabe statt Genussfreude ist bei derartigen Events angesagt. Wer einmal erlebt hat, wie ein betuchter „Connaisseur" einen leider schwer korkkranken 2ème Cru der 80-Euro-Liga auch nach schnüffeln und schlürfen noch in den höchsten Tönen lobt, weiß, wovon ich rede. Dazu passt die Geschichte, die mir ein Moselwinzer vor einigen Jahren erzählte. Nachdem er wegen seiner trockenen Riesling-Spätlesen im Gault-Millau als „Aufsteiger des Jahres" gehypt wurde, kaufte ihm ein südkoreanischer Importeur den halben Keller leer und lud ihn zu einer

Präsentation in Seoul ein. Dort musste er mitansehen, wie die anwesenden Industriemagnaten und Politiker Würfelzucker in seinen Wein schütteten. Nachholbedarf in Sachen Weinkultur gibt es offensichtlich nicht nur bei der so genannten Unterschicht.

Ich sehe ein, dass dies alles möglicherweise ein wenig trocken klingt. Muss es aber nicht sein. Und so gieße ich mir jetzt ein weiteres Glas ein. Einen einfachen, aber klar strukturierten, süffigen Riesling einer württembergischen Genossenschaftskellerei, mit dem Namen „Fürstenfass". Der kostet übrigens ab Hof 3,40 Euro pro Literflasche. Ein im besten Sinne demokratischer Wein. Denn er ist ehrlich, gaukelt nicht vor etwas zu sein, was er nicht ist und ermöglicht auch weniger begüterten Weinfreunden Teilhabe am Genuss.

Der innere Schweinehund

Liebe Frau Verbraucherin, lieber Herr Verbraucher...

Bislang sind Sie in diesem Buch recht gut weggekommen. Angesichts der gezielten Täuschung und Verdummung, der Sie nicht nur beim Weinkauf permanent ausgesetzt sind, habe ich sie in Schutz genommen. Ihre katastrophale Geschmacksozialisation habe ich ebenso als mildernden Umstand gelten lassen, wie die allgemein mangelhafte Genusskultur in diesem Land. Da ich Sie aber ernst nehme, für vernunftbegabte und emotionsfähige Wesen halte und Ihnen daher ein großes Maß an Eigenverantwortung für Ihr Tun zumesse, komme ich nicht umhin, Ihnen einige, vielleicht unangenehme, Wahrheiten zu präsentieren.

Niemand soll gezwungen werden, Wein oder überhaupt Alkohol zu trinken. Wer dies aus gesundheitlichen, weltanschaulichen oder anderen Gründen ablehnt, hat dazu jedes Recht der Welt, solange er nicht meint, sein Abstinenzlertum missionarisch vertreten zu müssen. Auch Zeitgenossen, die eher dem gepflegten Bier gewogen sind, und dem Geschmack von Wein – egal welcher Geschmacksrichtung und Qualität – nichts abgewinnen können, stoßen zwar auf mein Bedauern, aber auch auf meine uneingeschränkte Toleranz. Wer sich aufgrund materieller Armut trinkbaren Wein oder andere kulturellen Genüsse schlicht nicht leisten kann, und davon gibt es in Deutschland viel zu viele und leider immer mehr Menschen, ist natürlich nicht Adressat meiner kritischen Anmerkungen, sondern meiner sozialpolitischen Solidarität.

Doch was ist mit dem „Rest", also der großen Mehrheit? Der zeichnet sich nicht nur – im Durchschnitt, versteht sich – durch eine rekordverdächtige Sparquote aus. Der ist – das betrifft vor allem Männer – Jahr für Jahr bereit, zum Jahresende einen hohen zweistelligen oder gar kleinen dreistelligen Betrag dafür auszugeben, dass man es ein paar Mal knallen hört und blitzen sieht, nachdem er sich und seinen Lieben mit Billigstsekt zugeprostet hat. Der investiert regelmäßig noch höhere Summen in ein paar PS mehr. Der verschlingt Europarekord-verdächtige Mengen an Tütensuppen, Fertiggerichten und Tiefkühlpizzen. Der kauft sich sagenhafte Mengen an CD's von kulturellen Leuchttürmen wie Hansi Hinterseer oder den Wildecker Herzbuben (obwohl der Verzicht auf eine dieser CD's für einen sehr guten Riesling von Steffens-Kess, und der auf zwei für einen Klasse-Spätburgunder von Salwey reichen würde). Alle zwei bis drei Jahre müssen ein neuer PC, ein neues Handy und eine neue Digitalkamera ins Haus, natürlich auch für die lieben Kleinen. Da sind wir dann schon bei ein paar Kisten großartiger portugiesischer Rotweine von den Douro-Boys, einer kleinen Barolo-Sammlung oder etlichen Flaschen „Laubach Schiefer" von Heymann-Löwenstein. Und wenn er dann zu Aldi, Lidl, Netto, Penny oder Norma geht, um den besonders supergünstigen Flachbildschirmfernseher abzustauben, gönnt er sich gerne eine Flasche Wein dazu. Für die gibt er im Durchschnitt wenig mehr als zwei Euro aus. Nur rund fünf Prozent aller in Deutschland verkauften Weine wechseln für mehr als fünf Euro den Besitzer, Geiz ist eben geil.

Für Nahrungs- und Genussmittel wendet er mittlerweile nur noch weniger als 13 Prozent seines verfügbaren Einkommens auf, im EU-Durchschnitt sind es über 19 Prozent. Natürlich regt er sich angemessen auf, wenn mal wieder Gammelfleisch oder Pestizid-verseuchtes Gemüse entdeckt wird. Dabei ist er es, der mit seiner Jagd nach Tomaten für 59 Cent, kanarischen Erdbeeren im Winter und abgepacktem Hackfleisch gemischt für 1,99 pro Kilo den Boden für die angebotene „Qualität" vieler Lebensmittel bereitet. Gerne fährt er nach Bayern und genießt den Anblick grasender Kühe auf Almwiesen. Doch die Milch darf im Supermarkt nicht mehr als 54 Cent pro Liter kosten, auch wenn die bäuerlichen Erzeugerbetriebe dabei über die Klinge springen. Er zieht sich mittlerweile Dutzende von Kochshows im TV rein und weigert sich dennoch standhaft, im häuslichen Umfeld regelmäßig wohlschmeckende Mahlzeiten aus frischen Zutaten zu fabrizieren. Natürlich darf es Weihnachten auch mal eine Gans sein, aber auch die möglichst aus einem polnischen Industriemastbetrieb für 3,99 das Kilo, begleitet von Rotkohl aus der Dose und Knödeln aus dem Chemielabor. Und wenn er mal aushäusig essen geht, lässt er sich in der Regel mit genormten Abscheulichkeiten abspeisen, auch beim Wein.

Natürlich gibt es auch in Deutschland hervorragende, mit Sternen oder anderen Auszeichnungen dekorierte und entsprechend teure Restaurants. Doch um die geht es mir nicht. Es geht um die bürgerliche, regionale und saisonale Alltagsküche zu raisonablen Preisen, die hierzulande, abgesehen von einigen Regionen in Süddeutschland, anscheinend weitgehend den Bach runtergegangen ist. Wem der Sinn nach Billigpizza, Tütensuppen, asiatischem Glutamatschrott und szeniger Multikulti-Einheitsverköstigung, dumpfen Cabernets, Merlots, Chardonnays, rufschädigenden Rieslingen, grausamen Pinot Grigios oder noch Schlimmerem steht, der wird zwischen Zugspitze und Kap Arkona überall bestens bedient. Aber wo sind die Berliner Eckkneipen geblieben, in denen es außer Bier auch Pferderouladen, Eisbein mit hausgemachtem Erbsenpüree, gebratene Heringe mit Salzkartoffeln und Gurkensalat, Leber mit Äpfeln und Zwiebeln oder eine frische Schlachtplatte gibt? Warum fragt einen der Kellner in der finstersten Pariser Vorort-Bistro-Kaschemme, ob man sein Steak blutig, rosa oder durchgebraten haben will, während Bedienungen in Fischparadiesen wie Brandenburg oder Mecklenburg wortlos vorzugsweise vollkommen zerstörte Zanderfilets mit absonderlichen Beilagen auf den Tisch knallen? Warum bekommt man bei einer Radtour durch die Bourgogne abseits der Touristentrampelpfade problemlos ein gutes Drei-Gänge-Mittagsmenü nebst Klasse-Hauswein für 15 Euro und muss am Mosel- oder Rhein-Radweg in der Regel mit Schnitzel und Pommes vorlieb nehmen? Warum zahlt man in einer elsässischen Dorfgaststätte für einen äußerst soliden Pinot Blanc drei Euro und an der Saale für irgendwelche inferioren Genossenschaftsabfüllungen fast das Doppelte? Warum finde ich in jedem größeren Ort an der portugiesischen oder bretonischen Atlantikküste einen an jedem Werktag geöffneten Marktstand mit frischem Fisch, auf Rügen oder Usedom aber nicht? Warum konnten fast alle deutschen Supermarktketten dazu übergehen, Fleisch, Wurst und Käse nur noch abgepackt zu verkaufen, ohne dass die Kunden meutern? Warum können sich Produkte wie „Sauce Hollandaise" im Tretrapack, bei denen sich schon beim Lesen der Inhaltsabgabe der Magen umdrehen müsste, am Markt halten? Warum kaufen Millionen von Menschen im Februar oder März griechischen Spargel, obwohl der immer hart und holzig ist und bitter schmeckt? Warum findet man in hunderten von deutschen Mittelstädten zwar mehrere Handy-Shops und Fast-Food-„Restaurants", aber kein Feinkostgeschäft?

Die Antwort auf diese und ähnliche Fragen ist sicherlich recht komplex. Dabei sollte aber eines klar sein: Der Verbraucher hat Marktmacht, und wenn er sich mehrheitlich auf diese Art und Weise abspeisen lässt, hat er es auch nicht besser verdient.

Doch es geht nicht nur um Geld und Geiz, sondern auch um Bequemlichkeit. Also frage ich weiter: Warum werden in deutschen Küchen zur Mittags- und Abendzeit mehr Mikrowellen als Herde oder Öfen angeschaltet und das beileibe nicht nur in der so genannten Unterschicht? Warum weiß jeder einigermaßen intelligente Heranwachsende wie man Passwörter knackt oder illegal Musikdateien und Spielfilme aus dem Netz zocken kann, aber nicht, wie man ein Risotto oder einen Kartoffelbrei fabriziert (Warum auch; für Letzteres gibt es schließlich Pulver)?

Genusskultur sollte – und zwar keineswegs nur auf Essen und Trinken bezogen – ein kollektives Gut sein. Überlieferung und Innovation können sie erhalten. Sie muss gleichermaßen erdverbunden wie weltoffen sein. In ihr sollte der brandenburgische Steckrübeneintopf einen ähnlich geachteten Platz haben, wie die Foie Gras mit Portweingelée, die bretonische Auster oder die fränkische Blutwurstsuppe. Zu ihr gehören geradlinige Landweine aus Südfrankreich und dem Alentejo ebenso wie große Gewächse aus dem Burgund und aus Baden. Um das zu vermitteln, braucht man Multiplikatoren: Eltern, Erzieher, Lehrer, Personen des öffentlichen Lebens, Medienschaffende usw. Wenn diese kollektiv versagen, wird Genusskultur zum Privileg einer relativ kleinen, bildungsbürgerlichen oder einfach nur betuchten Schicht. Es geht um zivilisatorische Werte. Für deren Erhalt muss man kämpfen, unter anderem gegen den eigenen inneren Schweinehund.

Alles Parker oder was

Wie die Geschmacksnerven eines US-amerikanischen Historikers und Juristen den weltweiten Weinmarkt beeinflussen

Die Welt lässt sich vortrefflich mit Zahlen erklären. Das gilt nicht nur für Bruttoinlandsprodukte, Hungertote, Bürgerkriegsopfer oder Aktienkurse, sondern anscheinend auch für Wein. Im wahrsten Sinne des Wortes auf den Punkt gebracht hat das ein gewisser Robert Parker junior. Der 1947 in Baltimore (Maryland, USA) geborene gelernte Historiker, Kunsthistoriker und Jurist wechselte vor rund 30 Jahren in das Weinverkostungsbusiness und gilt seit einiger Zeit als nahezu gottähnliche Autorität. Natürlich ist Parker, wie er selbst eingesteht, auch nur ein Mensch mit äußerst subjektiven Vorlieben. Bei ihm sind das „fette", körper- und alkoholreiche, säurearme, aromabetonte Rotweine – gerne mit reichlich Holz – sowie neuerdings auch edelsüße, boytritische (edelfaule) weiße Tropfen. Mit trockenen, schlanken und dennoch filigranen Weinen kann er eingestandenermaßen wenig anfangen. Wucht statt Finesse, möglichst schnelle Trinkreife statt allmählicher Entwicklung, globales Geschmacksprofil statt Regionaltypizität sind seine Passionen, und damit traf er die produzierenden Anhänger „alteuropäischer" Weinphilosophie, die beispielsweise den Ruhm des Bordelais begründeten, ins Mark.

Mit seinen Publikationen, wie „The Wine Advocate", regelmäßigen Beiträgen für führende internationale Fachmagazine und diversen Büchern wie dem „Wine Buyer's Guide" hat er so etwas wie fortlaufend aktualisierte Bibeln für den Weinmarkt geschaffen. Ein Daumen hoch oder Daumen runter von Parker kann Winzer und Großhändler zu Millionären machen oder sie ruinieren. Der Guru bedient sich dabei eines dem US-amerikanischen Schulsystem entlehnten Bewertungsschemas. Es geht um eine Skala von 50 bis 100 Punkten. Schon das ist bemerkenswert, denn warum beginnt die Skala nicht bei Null? Dort könnte beispielsweise ein „Küferschoppen" oder der „Winzerstolz" einschlägiger Discounter angesiedelt werden. Und kaum ein Trollinger würde über 10 kommen.

Doch so richtig spannend wird es bei Parker und all jenen, die sein Bewertungsschema übernommen haben, ohnehin erst ab 90 („hervorragend") oder gar 96 („außerordentlich") Punkten. Und wenn der Meister dann mal die 100 zieht, was gar nicht so selten passiert, dann sind Preissprünge möglich, die die Inflationsraten in einigen Schwellen- und Dritte-Welt-Staaten wie Musterbeispiele soliden Wirtschaftens erscheinen lassen.

Parker, der angeblich 100 Weine pro Tag verkostet, sagt, dass er die Weine danach bewertet, wie viel Spaß sie ihm machten und fordert seine Leser ausdrücklich auf, sich ihr eigenes Urteil zu bilden. Das mag – obwohl hundert Weine pro Tag nicht nach Spaß klingt – ehrlich gemeint sein, jedoch hat sich das Parker-System längst von seinem Schöpfer verselbstständigt. Nicht nur, dass der „Parker-Konzern“ mittlerweile eine kleine Armee von Unterverkostern beschäftigt und beherrschenden Einfluss auf die Preisentwicklung in Spitzensegmenten ausübt; auch das Geschehen in manchen Weinbergen und -kellern verläuft mittlerweile unter seiner indirekten Schirmherrschaft. Denn rund um den Globus bieten spezialisierte Önologen, “Flying Winemakers“ genannt, ihre Dienste an, um Weine zu „parkerisieren“. Für sechs- oder gar siebenstellige Honorare werden sowohl alteingesessene Weingüter als auch bislang unbekannte „Garagenwinzer“ mittels High-Tech-Weinbereitung in die Parker-Charts gepusht oder, wenn schon im 90plus-Bereich präsent, noch auf ein paar Pünktchen höher gestylt. Inbegriff eines Parker-Retortenweins ist vermutlich der „Opus One“, der in einem Joint-Venture von den Weinkonzernen Mondavi und Baron Philippe de Rothschild in einem eigens dafür gegründeten Weingut in Kalifornien produziert wird und auch in jungen Jahren selten unter 170 Euro erhältlich ist. Nicht schlecht für einen mit 12.000 Kisten pro Jahr im Stil einer Bordeaux-Cuvée produzierten Wein, der meist recht übergewichtig daherkommt. Garagenweine aus „Mikro-Chateaus“ mit einer Jahresproduktion von 500 bis 3.000 Flaschen bringen es – friendly supported bei Parker – allerdings auch locker auf über 1.000 Euro.

Profiteure des Parkerismus sind neben den Winzern in erster Linie Großhändler, aber auch Weingeschäfte und Restaurants, die sich jeden neuen Parkerpunkt mit kräftigen Aufschlägen bezahlen lassen. Für die Winzer bedeutet dies jedoch eine fatale Abhängigkeit: Wehe ihnen, wenn ein Jahrgang mal nicht dem vom Meister vorgegebenen Geschmacksprofil entspricht. Da liegt es nahe, dass viele große Erzeuger ihren individuellen Stil schon längst an der Garderobe vor ihrer Kellertür aufgehängt haben; zu groß ist die Verlockung dauerhaft üppiger Abnahmepreise.

Natürlich sind Parker und seine Epigonen nicht unumstritten. So halten sich hartnäckig Gerüchte über Unregelmäßigkeiten bei Verkostungen und gewisse Verquickungen zwischen dem Guru und einigen mächtigen Weinhändlern, deren Wahrheitsgehalt ich allerdings nicht zu beurteilen vermag. Doch kräftig am Sockel kratzen muss man schon deshalb, weil sich Parker ausdrücklich als „Anwalt der Konsumenten" versteht, der dem subjektiven Geblubber selbsternannter Weinautoritäten eine an quasi „objektiven" Kriterien ausgerichtete Bewertung gegenüber stellen will. Dem ist u.a. entgegenzuhalten: Parker grenzt wesentliche Weinstile konsequent aus und suggeriert durch sein System faktisch deren „Minderwertigkeit". Er suggeriert ferner eine „absolute" Qualität und ignoriert dabei wesentliche Faktoren des Weingenusses, wie z.B. Jahreszeit und Anlass (Essen!!). Er hypt teilweise Weine, die in homöopathischen Mengen produziert werden, und deren unglaubliche Preise ausschließlich auf ihrer geringen Verfügbarkeit basieren. Er leugnet den Stellenwert der Authentizität und der Herkunft von Weinen und leistet mit seiner Deutungshoheit einen Beitrag dazu, dass die Weinwelt (nicht nur) im Spitzensegment verarmt. Denn der ärmliche, schmuddelige Bruder der 95plus Parker-Frucht-, Extrakt- und Alkoholbombe ist der mostkonzentrierte, mit Aromahefen und Sägespänen gestylte Billig-Cabernet bei Aldi & Co.

Wenn es dabei nur um die Profilneurosen einiger Neu- und Altreicher gehen würde, deren Genussbegriff sich im Addieren möglichst vieler Parker-Punkte im eigenen Keller oder bei Restaurantbesuchen erschöpft, könnte dies einem Verfechter einer demokratischen Genusskultur ziemlich egal sein. Es könnte sogar ein wenig Schadenfreude darüber aufkommen, dass so manch betuchter „Connaisseur“ als Gefangener seines Prestige- und Imponiergehabes in die Parker-Falle getappt ist und sich – wenn auch auf hohem Niveau – mit Einheitsweinen abspeisen lässt. Andere sehen die Sache allerdings wesentlich nüchterner und benutzen Parker-kompatible Weine schlicht als renditeträchtige Kapitalanlage. Als der Guru den 2000er Chateau Lafite 2009 auf 100 Punkte hochstufte, stieg der Preis ab Gut von ursprünglich 138 auf 900 Euro. Wohl dem, der ein paar Kisten gebunkert hat. Allerdings gibt es längst eine Weinfälschermafia, und so manch teuer erstandener Nobeltropfen aus älteren Jahrgängen entpuppt sich bei genauer Analyse als eher bescheidenes Getränk. Auch da hält sich mein Mitleid in Grenzen. Vielleicht bin ich ja einfach nur altmodisch, aber an Wein als Spekulationsobjekt habe ich mich noch immer nicht gewöhnen können.

Doch längst hat sich der Parkerismus auch in niedere Regionen ausgeweitet. Kaum ein mittlerer bis gehobener Supermarkt oder Massenversender kommt mittlerweile ohne ein paar punktegeschmückte Tropfen aus, die teilweise nicht mal zehn Euro oder nur wenig mehr kosten. Nicht selten hinterlassen die vermeintlichen Schnäppchen (besonders wenn sie aus Spanien kommen) einen im wahrsten Sinne des Wortes faden Beigeschmack. Dem mächtigen Strohfeuer in der Nase und im Mund folgt in der Regel eine undifferenzierte Fruchtigkeit am Gaumen und ein künstlich anmutender Abgang. Das waren dann – in der genannten Preisklasse – manchmal 88,89 oder gar 90 Punkte. Na denn Prost.

Zu den schärfsten Kritikern des „Parkerismus“ gehört eine andere Koryphäe der Weinpublizistik, Hugh Johnson. In seinem jährlich erscheinenden Weinführer bezeichnet er Parkers Vorgehensweise aus mehreren Gründen als „gelinde gesagt zweifelhaft". Jede Weinbeurteilung sei nicht mehr als eine „Momentaufnahme". Es gehe dabei um eine bestimmte Flasche, die in einem bestimmten Umfeld, zu einer bestimmten Tageszeit in einer bestimmten Stimmung usw. verkostet wurde. Schon wenn man zehn Weine hintereinander probiere, dann sei der Mund des Testers „ beim zehnten nicht mehr derselbe wie beim ersten". Für Johnson ist auch nicht nachvollziehbar, dass vollkommen unvergleichbare Weine in ein einheitliches Punkteschema gepresst werden: „Ein hervorragender Muscadet ist etwas vollkommen anderes als ein hervorragender Bordeaux Premier Cru". Seine Leser fordert Johnson auf, eigene Urteile auf der Grundlage von „Geschmack Gefühl, Erwartung und Assoziation" zu fällen und die Parker-Punkte möglichst zu ignorieren.

Das korrespondiert mit der Kernfrage dieses Buches: Ist Wein ein beliebiges Produkt, das man einfach den herkömmlichen Marktmechnismen überlassen sollte? Oder ist er ein vielfältiges Kulturgut, das sich in seiner Komplexität zu profanen Formen der Bewertung entzieht? Schließlich würde es wohl kaum jemand gutheißen – außer vielleicht ein paar Marketingstrategen der Musikkonzerne – wenn ein Musik-Parker auf die Idee käme, einer opulenten Wagner-Oper mit voller Orchester- und Chordröhnung eine 99 zu verpassen, der vergleichsweise leisen, aber harmonisch komplexen und filigranen „Kunst der Fuge" von J.S. Bach aber nur eine 83.

Wir sind die Guten!

Nicht nur Weinjournalisten sollte man eine gewisse Skepsis entgegenbringen. Versuch einer Nestbeschmutzung

Nicht nur Weinjournalisten sollte man eine gewisse Skepsis entgegenbringen. Versuch einer Nestbeschmutzung

Wir sind die Guten! Als unbestechliche „vierte Gewalt" begleiten wir kritisch und unbestechlich das Treiben der politisch und wirtschaftlich Mächtigen. Wir streben stets nach höchstmöglicher Objektivität, trennen fein säuberlich die Genres Bericht, Reportage und Kommentar/Glosse und wahren gebührenden Abstand zu Lobbyisten aller Art. Niemals würden wir Dinge zu Papier bringen, die nicht gründlich und sauber recherchiert sind oder unserer eigenen Überzeugung zuwiderlaufen. Eher verzichten wir auf Vergünstigungen, als dass wir Zweifel an unserer Unabhängigkeit zulassen würden, denn wir wissen um unsere Verantwortung für Pressefreiheit und Demokratie. Und das alles gilt natürlich auch für unsere Verleger, die einer Zeitung oder Zeitschrift zwar eine – transparent nach innen und außen kommunizierte – Tendenz vorgeben dürfen, aber keinesfalls in die journalistische Freiheit eingreifen. Schon gar nicht in Zusammenhang mit ökonomischen Überlegungen, wie z.B. das Verhältnis zu bestimmten Anzeigenkunden.

Soweit die Theorie über die Rolle von Journalisten und Verlegern in einer demokratischen Gesellschaft. Doch man braucht schon ein sehr idealistisches Menschenbild um zu glauben, dass eine ganze Branche nur aus besseren Menschen besteht. Medien sind in letzter Konsequenz Waren, die den gleichen Gesetzmäßigkeiten der Marktwirtschaft gehorchen, wie andere Produkte oder Dienstleistungen. Und das gilt natürlich auch für die handelnden Akteure. Philantropische Verleger dürften ähnlich selten sein wie Journalisten, die gegen materielle Verlockungen immun sind. So sind es leider keine Einzelfälle, dass sich freie, aber auch festangestellte Schreiber mit politischen und wirtschaftlichen Lobbygruppen oder auch einzelnen Unternehmen verbandeln. Längst gibt es PR-Agenturen, die darauf spezialisiert sind, für ihre Auftraggeber redaktionelle Artikel in Zeitungen zu platzieren, da deren Wirkung als wesentlich werbewirksamer gilt, wie eine herkömmliche Anzeige.

Gefährlich für die politische Kultur wird diese Praxis, wenn unter dem Deckmantel des Journalismus Meinungen gezielt manipuliert und Druck auf Entscheidungsträger aufgebaut werden soll. Gerne wird dabei mit obskuren „Umfragen" noch obskurerer „Institute" operiert. Vielleicht nicht ganz so gefährlich, aber nicht weniger ärgerlich ist die gezielte Einflussnahme auf konsumentenorientierte Berichterstattung, wie z.B. in den Bereichen Reisen, Autos oder eben Wein. Auch hier geht es nicht selten um in Artikel verpackte Werbung. Und das betrifft beileibe nicht nur Fach- und Spartenmagazine, sondern auch kleine und große Tageszeitungen.

Längst gehört es für Printperiodika zum guten Ton, sich mehr oder weniger regelmäßig dem Thema Wein zu widmen. Das macht auch Sinn: Schließlich gelten knapp 70 Prozent der Bundesbürger über 14 Jahren als mehr oder weniger regelmäßige Wein- bzw. Sekttrinker. Der jährliche Absatz liegt bei rund 20 Millionen Hektolitern, für die insgesamt knapp sechs Milliarden Euro ausgegeben werden. Wein hat ein positives Image und macht – auch ökonomisch – dem einstigen „Nationalgetränk" Bier seit Jahren gewaltig zu schaffen. Die Werbeaufwendungen der Weinwirtschaft sind in den vergangenen zehn Jahren explosionsartig gestiegen, zumal der deutsche Markt durch die Globalisierung mittlerweile zu den am heftigsten umkämpften der Welt gehört.

Dass für Weinjournalisten und Autoren in diesem Umfeld eine gewisse Grauzone entstanden ist, kann nicht verwundern. Auch als ganz kleines Licht in der Branche kann man sich schließlich über gewisse Annehmlichkeiten freuen. Regelmäßig wird man zu Verkostungen und Präsentationen von Gütern, Agenturen oder Verbänden eingeladen, nicht selten verbunden mit einem opulenten Essen. Diverse Weinreisen gehören natürlich auch dazu. Problemlos werden erbetene Probeflaschen zugesandt; egal, ob man sich für einen einzelnen Wein interessiert oder eine Vergleichsprobe von Spätburgundern einer bestimmten Preisgruppe aller badischen Winzergenossenschaften plant. Nicht selten erhält man statt der angefragten drei Flaschen gleich eine große Kiste mit einem Querschnitt des Produzenten. Nach einer Publikation bekommt man von herausgehobenen Weingütern ebenfalls in der Regel ein kleines Präsent oder auch mal eine Einladung für ein Wochenende. Und die vielen flüssigen „Weihnachtsgrüße" reichen locker für die Bestückung eines mittleren Regals.

Aber ich kann noch in den Spiegel gucken. Ich behaupte, mich in meiner Berichterstattung und bei meinen Weinempfehlungen noch nie von derlei Nettigkeiten habe beeinflussen lassen.

Komplizierter wird es, wenn man über Regionen schreibt. Es gibt Weinbau- oder Tourismusverbände, die haben es einfach drauf, sich Journalisten gut zu präsentieren. Man wird in ausgewählte Weingüter und gute Restaurants geführt, nächtigt in schön gelegenen und auch sonst sehr netten Hotels, besucht Naturschönheiten und andere Sehenswürdigkeiten, hat jede Menge kompetenter, sympathischer Ansprechpartner. Kurzum: Das komplette „Gute-Laune-Paket". Andere Verbände setzen derartige Reisen dagegen regelrecht in den Sand, nerven die Teilnehmer mit ellenlangen PR-Vorträgen, langweiligen touristischen Pflichtprogrammen, zweifelhaften, aber in der Verbandshierarchie wichtigen Betrieben und womöglich gar noch miesem Essen, und versuchen einen noch dazu penetrant zu netten Artikeln zu nötigen. Preisfrage: Welche Region wird bei der publizistischen Verwertung derartiger Reisen wohl besser abschneiden?

Korruption und „Vorstufen" selbiger sehen sicherlich anders auch. Ich denke da an Kollegen, die sich von Weingütern für ein gutes Honorar als „Moderatoren" für Präsentationen einkaufen lassen und sie dennoch in Medien besprechen. Oder an deutlich exklusivere Reisen nach Übersee, wo jedem Teilnehmer klar ist, dass er schnell aus dem „Geschäft" ist, wenn sich der gesponserte Luxustrip nicht in entsprechender Berichterstattung niederschlägt. Oder an gewisse Magazine, bei denen die Anzeigenabteilungen bei der inhaltlichen Gestaltung der jeweiligen Ausgaben ein gehöriges Wort mitzureden haben. Oder an Weinjournalisten, die sich ein Zubrot als „Weinberater" für die Gastronomie verdienen und von Gütern Provisionen für auf die Karte gehievten Weine erhalten.

Über noch unappetitlichere Dinge, die zwischen Produzenten, Importeuren, Agenturen und Verbänden auf der einen und Journalisten auf der anderen Seite ablaufen, können nur Vermutungen angestellt werden, da Derartiges höchst selten bekannt wird. Jedenfalls habe selbst ich – mit meinen Weinbeilagen und Kolumnen bei der „Jungen Welt" wahrlich keiner der großen Meinungsmacher – nicht nur einmal unverblümte Anfragen bekommen, wie denn beispielsweise die Chancen eines Weines bei einer Themen-Blindverkostung „verbessert" werden könnten. Oder was man denn tun könne, damit ein bestimmter Wein positiv in meiner Kolumne besprochen wird. Viele Kollegen können Ähnliches berichten. Und bei manchen „Weinbesprechungen" stellt sich mir in der Tat die Frage, ob da nachgeholfen wurde, oder ob die Autoren einfach nur an einer besonders schweren Form von Geschmacksverwirrung leiden.

Mit dem „Berufsethos" von Journalisten lässt sich das alles jedenfalls schwerlich in Einklang bringen. Intern ist das Problem allgemein bekannt. So heißt es in der Satzung der honorigen Spartenvereinigung „Weinfeder e.V." (der ich nicht angehöre), dass man eine „Verständigung über die ethischen Prinzipien weinjournalistischer Arbeit" ebenso anstrebt wie die „größtmögliche Transparenz in allen Fragen wirtschaftlicher Verquickung". Das heißt im Umkehrschluss, dass auch in seriösen Vereinen besagte Prinzipien nicht unstrittig sind und wirtschaftliche Verquickungen existieren, aber wenigstens durchschaubar gemacht werden sollen.

Das wäre immerhin schon etwas. Aber wie anfangs gesagt: Keiner sollte glauben, dass Journalisten bessere Menschen sind. Schon gar nicht in einer Gesellschaft, in der einige Ärzte die gesetzlichen Kassen als Selbstbedienungsladen begreifen und Politiker sich konzernfreundliche Entscheidungen unmittelbar nach Mandatsende von den Nutznießern vergolden lassen.

Natürlich kann Weinpublizistik gut und wichtig sein. Sei es als Unterhaltungslektüre, als Ratgeber oder zur Vermittlung von Hintergrundwissen. Aber ein gewisses Misstrauen ist angebracht. Sogar mir gegenüber! Und wenn Journalisten als „vierte Gewalt" in der Demokratie gelten, dann sollten sich Leser und Verbraucher mindestens als „fünfte Gewalt" begreifen.

Lückenhafte Chroniken

Die deutschen Winzergenossenschaften haben eine bewegte Vergangenheit. Dazu gehört auch die Nazi-Zeit

Prost, Genossen! Eure Erfolgsgeschichte währt fast schon 200 Jahre. Es waren wohl weniger sozialistische Ideen, die euch seit der ersten Hälfte des 19. Jahrhunderts dazu brachten, euer Gewerbe gemeinwirtschaftlich zu organisieren. Doch manchmal ist die nackte Not ein unbestechlicher Ratgeber. Denn abgesehen von hochwohlgeborenen Großgrundbesitzern und klerikalen Latifundistas stand euch Weinbauern seinerzeit das Wasser nicht selten bis zum Hals. In vielen Regionen hatte die Erbteilung dazu geführt, dass die Höfe nicht mehr rentabel bewirtschaftet werden konnten. Zudem überschwemmten billige Auslandsweine und zunehmende Weinfälschungen, bis hin zu Kunstwein den heimischen Markt. Der Siegeszug von Reblaus, Peronospora und Oidium vernichtete ganze Ernten und verwüstete Anbauflächen. Nicht wenige von euch suchten ihr Heil in der Auswanderung.

Von denen, die blieben, schlossen sich etliche in Kooperativen zusammen. Bereits 1821 gab es in Baden erste landwirtschaftliche Vorschussvereine, die den Mitgliedern Geld für die abgelieferten Trauben auszahlten. 1852 kam es unter Führung des Landwirtschaftsvereins für Rheinpreußen zur Gründung von vier Winzervereinen an der Mosel in Reil, Kienheim, Kröv und Ürzig, die damals schon den Namen „Winzergenossenschaft" trugen. Diese Unternehmen scheiterten jedoch nach kurzer Zeit, weil sie ihren Mitgliedern aus aufgenommenen Darlehen höhere Auszahlungen für die Trauben bewilligten, als später auf dem Markt für den Wein zu erzielen war. Die Schwaben zeigten schon damals, dass sie besser mit Geld umgehen können, ihre Vereinigungen erwiesen sich als ökonomisch wesentlich tragfähiger.

1866 veröffentlichte Friedrich Wilhelm Raiffeisen sein richtungweisendes Buch „Die Darlehenskassen-Vereine als Mittel zur Abhilfe der Noth der ländlichen Bevölkerung', welches sich in einem Kapitel speziell mit den Problemen des deutschen Weinbaus beschäftigte. Bereits ein Jahr später wurde in Preußen das erste Genossenschaftsgesetz erlassen, welches ein weiteres Jahr später auf den Norddeutschen Bund ausgedehnt wurde. 1868 wurde in Mayschoß (Ahr) die erste Winzergenossenschaft auf dieser Grundlage gegründet. Aktuell bewirtschaften 212 Winzergenossenschaften in allen 13 Anbaugebieten 32.000 Hektar Weinberge, was ungefähr einem Drittel der Anbaufläche entspricht.

Der Wind des Marktes ist jetzt wieder etwas heftiger geworden. Es wird viele Fusionen geben. Doch ihr habt euch etabliert. Längst wird nicht mehr alles in den großen Bottich geworfen. Eure Önologen und Kellermeister blasen euch kräftig den Marsch, damit ihr anständiges Zeug auf euren Parzellen produziert, und wenn ihr nicht spurt, gibt es deutliche Abschläge bei den Abnahmepreisen. Die goldene Zeit der Übermengen, die mit EU-Steuergeldern auf wundersame Weise via Versprittung in bare Münze umgewandelt wurden, ist vorbei. Aber ihr seid aus dem Weinmarkt nicht mehr wegzudenken und werdet auch künftig eine gewichtige Rolle spielen. Längst habt ihr bewiesen, dass auch aus euren Kellern hervorragende Weine auf den Markt kommen können, und das oft zu äußerst raisonablen Preisen.

Allerdings hätte ich da schon noch ein paar Fragen an euch. Ich habe viele Chroniken von Winzergenossenschaften gelesen, meist anlässlich runder Gründungstage verfasst. So unterschiedlich die Geschichte euer Vorschusskassen auch verlaufen sein mag, in den Jahren zwischen 1933 und 1945 geht es weitgehend einheitlich um „schicksalhafte Entwicklungen", „dunkle Zeiten", und „schwierige Bedingungen". Viele von euch konstatieren, dass es nach einigen „schlimmen Jahren" ab 1934 wieder „aufwärts" ging, bevor 1939 durch den Krieg eine erneute „Pechsträhne" (sic!) begann, die eine „hässliche Narbe" in die Gemeinschaft der Winzer schlug. Besagte Zitate stammen aus der Chronik der altehrwürdigen Kaiserstühler Genossenschaft in Ihringen.

Dies erscheint mir etwas lückenhaft. Denn die Winzer und ihre Verbände haben den Pakt mit dem Teufel äußerst bereitwillig unterschrieben. Das NS-Regime organisierte für euch „Weinpatenschaften" mit Industrieregionen und Großstädten, belebte die Tradition der Winzerfeste und entlastete euch steuerlich. Dafür wart ihr gerne bereit, den Ausschluss von Juden aus euren Genossenschaften in die Satzungen aufzunehmen, die „Arisierung" von landwirtschaftlichem Besitz wohlwollend zu begleiten und zur Enteignung und späteren Eliminierung jüdischer Weinhändler, die in der Branche eine bedeutende Rolle spielten, entweder stumm zu nicken oder auch lauthals Beifall zu klatschen. Dass z.B. Ihringen während besagter „Pechsträhne“ komplett judenfrei gemacht wurde und die meisten Betroffenen den Tod in der Gaskammer fanden, ist den Chronisten keine Zeile wert. Dagegen gibt es in dem beschaulichen Weinort selbstverständlich ein recht imposantes Kriegerdenkmal. Und auch einen jüdischen Friedhof, der allerdings im August 2007 von Neonazis gründlich verwüstet wurde.

Besagte Winzerfeste, von denen die NS-Machthaber und ihre willigen Gehilfen bis zu 800 pro Jahr organisierten, dienten laut offizieller Publikationen der „Ehrung der im deutschen Weinbau zum Ausdruck kommenden Volkskräfte und Volksgüter“, bei denen es sich um „wertvolle Glieder des Reichsnährstandes“ handelt. Dem ehemaligen Bürgermeister von Bad Neuenahr und Gaupropagandaleiter Dr. Meyer ist die Idee eines „Reichsweintages“ zu verdanken, an dem „im Sinne der nationalsozialistischen Weltanschauung näher für die Produkte der heimischen Scholle, insbesondere für das Produkt der schwer bedrängten und notleidenden deutschen Winzer geworben“ werden sollte. An „diesem Tage soll es die Ehrenpflicht aller deutscher Männer und Frauen über 20 Jahre sein, wenigstens einen Pokal deutschen Weines zu trinken“. Dieser Tag „soll jedes Jahr nach der Weinlese, wenn der neue Most im Keller gärt und zu Wein wird, abgehalten werden, zur Erinnerung an die nationale Revolution von 1933, die auch nichts anderes als eine stürmische Gärung im deutschen Volke war, welche den trüben Most zu kristallklaren Wein werden ließ“. Die NS-Organisationen „Deutsche Arbeitsfront“ und „Kraft durch Freude“ mischten kräftig mit, um den “Volksgenossen deutlich zu machen, dass deutscher Wein kein Luxusgetränk“ sei und um „den Winzer wieder lebensfroh zu machen, ihm wieder die Lust und Liebe zur schweren Bearbeitung seiner

Weinberge zu geben, die diese erfordern". Dass zu diesem Zweck „Parasiten" und „Blutsauger" – sprich: jüdische Weinhändler – ausgemerzt werden mussten, verstand sich fast von selbst.

In der Folge ging es euch so gut, wie lange nicht mehr. Doch dann schickten euch eure Schirmherren, Paten und Förderer in den Krieg, erst nach Polen, dann nach Frankreich, dann in etliche andere Länder West-, Nord-, Süd- und Osteuropas, Afrika und schließlich nach Russland. Der Arbeitskräftemangel in den Weingütern war schmerzlich, doch eure Freunde schickten euch bereitwillig Kriegsgefangene und Zwangsarbeiter. Auch davon ist in euren Chroniken leider nichts zu lesen. Für die Herren Goebbels und Göring und besonders für Hitlers Außenminister Ribbentrop (der in eine Weinhandelsdynastie eingeheiratet hatte) war die völkische Nummer mit den deutschen Winzern ab 1940 ohnehin zweitrangig, da sie ihr Augenmerk längst auf die Plünderung französischer Weinkeller gelegt hatten.

Natürlich wart ihr nicht die Einzigen. Auch private Weingutsbesitzer und die kirchlichen Güter profitierten begeistert von der Nazi-Herrschaft. Auch die reden heute nicht so gerne von dieser Zeit, wenn man von löblichen Ausnahmen wie dem früheren VDP-Präsidenten Prinz Salm zu Salm absieht, der sich 2007 bei einer Israel-Reise mit bewegenden Worten für die Verbrechen entschuldigte, die deutsche Winzer an Juden verübt haben. Ähnliches habe ich von anderen Winzern leider sehr selten gehört und entsprechende Nachfragen meinerseits stießen des Öfteren auf ziemlich schroffe Ablehnung.

Bei euch Genossen tut mir das besonders weh. Denn die gemeinwirtschaftliche Idee ist – nicht nur im Weinbau – eine gute und fortschrittliche. Ihr habt früh erkannt: Alleine seid ihr verloren, weil ihr keine eigene Kellerwirtschaft samt Abfüllung und Vermarktung betreiben könnt und die Fassweinpreise zwischenzeitlich immer wieder in den Keller sacken. Dass sich derartige kollektive Ansätze nahtlos in ein Verbrecherregime integrieren lassen, macht mich ein bisschen mutlos in Bezug auf möglichen gesellschaftlichen Fortschritt.

Natürlich mache ich euch, die ihr jetzt Genossenschaften leitet oder Weingüter betreibt, nicht persönlich verantwortlich. Eure Nazi-Väter und Großväter und die vielen Kollaborateure sind tot oder hochbetagt. Keinem von euch mag ich unterstellen, dass er noch heute klammheimliches Verständnis für den Terror gegen Juden und die Ausbeutung der Zwangsarbeiter aufbringt. Aber wer von euch hat eigentlich in den Entschädigungsfonds für Zwangarbeiter eingezahlt? Schließlich habt ihr Weingüter geerbt und/oder betreibt Genossenschaften, die sich nicht aus ihrer historischen Verantwortung stehlen sollten. Und dass ihr in euren Chroniken ein bisschen offener mit den Verbrechen euer Vorgänger umgeht, wäre wohl nicht zuviel verlangt. Oder vielleicht doch?

Hurra Deutschland

Man muss kein Nationalist sein, um große Stücke auf deutschem Wein zu halten

Ich bin fein raus. Niemand kann ernsthaft auf die Idee kommen, mich als Nationalisten zu bezeichnen. Ich bin nicht stolz, ein Deutscher zu sein, und demzufolge auch nicht stolz auf „unsere" Weine, denn ich stelle sie schließlich nicht her. Selbst bei einem der wichtigsten Identifikationsvehikel, dem Fußball, scheue ich mich nicht, mein Herz für „fremde" Mannschaften schlagen zu lassen, besonders wenn es sich um sogenannte Underdogs handelt, oder sie schlicht den attraktiveren Fußball spielen. Ich bin zwar kein klassischer Globetrotter, aber seit Jahren begierig, andere Länder, (Trink)Sitten und (Ess)Gebräuche kennen zu lernen. Für mich gehört vietnamesisches Wasserpuppentheater genauso zum bewahrenswerten Kulturerbe der Menschheit, wie ekstatischer Sufi-Tanz, der Obertongesang bulgarischer Nonnen, der Blues aus dem Mississippi-Delta oder das Weihnachtsoratorium von Johann Sebastian Bach. In fast jedem Land und jeder Region, die ich bislang besucht habe, gab es auch spannende kulinarische Entdeckungen, und ich bin heilfroh, dass man viele exotische Zutaten mittlerweile problemlos in Deutschland erhalten kann. Doch bei Wein endet zwar nicht meine weltumspannende Toleranz, aber mein Interesse an „exotischen“ Dingen -- von wenigen Ausnahmen abgesehen, aber dazu später.

Bei einem spontanen Resümee meines Weinkonsums komme ich zu folgendem Ergebnis: Ich trinke ungefähr gleich viel Weiß- und Rotwein, mit entsprechenden saisonalen Schwankungen. Bei weißen liegt der Anteil deutscher Weine bei ca. 90 Prozent. Oberhalb der Wahrnehmungsgrenze befinden sich -- in dieser Reihenfolge -- noch Produkte aus Frankreich (aber fast nur Elsass), Luxemburg (was wie deutsche südliche Mosel schmeckt, nur manchmal etwas besser), Portugal (weil ich da des Öfteren Urlaub mache) und Österreich (vornehmlich Veltliner). Eine Sonderrolle spielt ein sagenhafter trockener Traminer aus Ungarn, den der deutsche (!) Winzer Horst Hummel in Villány produziert. Beim Rest der Welt beschränke ich mich auf äußerst sporadisches Probieren.

Bei Roten ist der Anteil deutscher Erzeugnisse an meinem Konsum in den vergangenen Jahren stetig gestiegen, auf jetzt ca. 50 Prozent. Es folgen Frankreich (das ganze Programm), Österreich (besonders Blaufränkisch aus dem Burgenland), Portugal (Alentejo, Douro, Setubal) und Italien. Für mehr Spanien muss ich wohl erst meine „Vanille-Traumata“ überwinden.

Egal ob weiß oder rot -- Übersee is nich, wie der Berliner sagen würde. Nun will ich nicht in Abrede stellen, dass in Australien, Neuseeland, Kalifornien, Chile, Argentinien und Südafrika und anderswo teilweise anständige und sicherlich auch einige großartige Weine hergestellt werden. Doch wer Wein als (nicht nur Alltags-) Kulturgut begreift, hat viele gute Gründe für eine gewisse Distanz.

Dazu einige -- sicherlich äußerst subjektive Anmerkungen: Zunächst einmal kann ich mit dem dominierenden „Überseestil" – alkoholreich, aromaprall, holzbetont, säurearm – wenig anfangen. Und selbst wenn das anders wäre, würde ich in Europa bestens bedient werden. Ich wette eine gute Kiste darauf, dass nicht nur ich, sondern auch äußerst versierte Blindverkoster Probleme hätten, z.B. einschlägige bulgarische Chardonnays, Merlots und Cabernets von ihren chilenischen oder kalifornischen Verwandten zu unterscheiden, besonders im unteren bis mittleren Preissegment. Da stellt sich allerdings die Frage – auch aus ökologischer Sicht – warum dieses Zeug in unglaublichen Mengen über viele tausend Kilometer hierher geschippert werden muss. Eine Bereicherung des Angebots ist es jedenfalls nicht. Als Überseeweine mit markanten, positiven Alleinstellungsmerkmalen sind mir lediglich einige Sauvignon Blanc aus Neuseeland, der eine oder andere Malbec aus Argentinien oder Shiraz aus Australien im Gedächtnis haften geblieben. Das allerdings nachhaltig.

Doch fast noch wichtiger ist meine fehlende Kenntnis der Weinkultur in den genannten Ländern, ein Defizit, das ich mit mindestens 99,999 Prozent aller deutschen Weinfreunde teile. Ich rede nicht von schlauen Büchern, kurzen Verkostungen, netten Reportagen oder touristischen Kurztrips, sondern von sinnlichem Erleben. Die exorbitanten Produktionssteigerungen und die Konzentration auf einige gängige Rebsorten sind ausschließlich dem Bemühen geschuldet, außenwirtschaftliche Lorbeeren zu ernten. Das ist natürlich nicht zu verurteilen, schließlich will jeder was vom großen Weinkuchen abbekommen. Aber es muss nicht sein, da auf der Welt ohnehin zu viel Wein produziert wird.

Bei deutschen und vielen europäischen Weinen habe ich zumindest die Chance, sie in ihrem Kontext zu begreifen. Die deutschen Gebiete habe ich (außer, warum auch immer, die Nahe) ohnehin alle durch. Aber ich weiß auch, was die bretonischen Fischer zu ihren Meeresfrüchteplatten und die Dorfbewohner im Alentejo zum Bacalhao und zum geschmorten Kaninchen trinken. Statt den 114. Cabernet oder Merlot aus Irgendwoher zu besorgen (wie wär's mit Uruguay, Peru, Thailand, China, Kenia, Tunesien oder Israel), versuche ich lieber einen guten, trocken-beerigen Samtrot aus Württemberg, einen erdigen Mavrud aus Bulgarien oder einen herrlichen, leicht salzigen Petit Arvigne aus dem Kanton Wallis aufzutreiben, der dort, und nur dort, auf mickrigen 150 Hektar Rebfläche angebaut wird. Ich versuche herauszubekommen, ob man aus dem steiermärkischen Schilcher mehr als blassrote Brühe und aus württembergischem Trollinger wirklich Wein machen kann. Oder ich öffne eine Flasche Wildmuskat, jener Sorte die aus einer Spontanmutation auf der Basis von Lembergerkernen entstand und ausschließlich auf dem Heilbronner Weingut Amalienhof angebaut wird. Natürlich wird es auch außerhalb Europas Weingebiete geben, in denen unverwechselbare regionale Spezialitäten gedeihen. Mögen sie den dortigen Bewohnern ähnlich viel Spaß bereiten, wie den Europäern die Hiesigen. Sie gehören dorthin, wo sie wachsen und wo man z.B. auch weiß, zu welcher Speise man sie reicht. Aber Chardonnay, Cabernet und Merlot, sowie neuerdings auch Shiraz und gar Burgunder oder Riesling aus Beliebigland – nein danke.

Wenn, was niemand ernsthaft wünschen kann, der Welthandel in erhebliche Turbulenzen geraten sollte, gehörte Wein aus Übersee jedenfalls zu den Dingen, die ich im Falle von Restriktionen am wenigsten vermissen würde, zumal der europäische Binnenmarkt ja weiter funktionieren könnte. Ich bin auch kein Freund des Protektionismus, allerdings ein entschiedener Gegner eines Exotismus, der das breite Angebot von Waren aus möglichst fernen Ländern mit möglichst geringen Preisen für einen Wert an sich hält. Cabernet aus Uruguay ist ebenso wenig ein Beleg für den Nutzen der Globalisierung, wie Spargel aus Peru.

Das gilt natürlich in beide Richtungen. Es gehört schon ein gerütteltes Maß an Skrupellosigkeit dazu, von deutschem Boden aus den Rest der Welt mit Scheußlichkeiten wie „Liebfrauenmilch“ oder „Blue Nun“ (Werbeslogan des Vertreibers: „Eine Marke die Vertrauen genießt, weil sie Qualität garantiert“) zu überfluten. Aber das, was in riesigen Tankschiffen aus Übersee nach Bremerhaven geschippert und anschließend nach Bingen verbracht wird, um nach Abfüllung mit wohlklingenden Namen bei Discountern und Supermärkten offeriert zu werden, ist auch nicht besser. Zumal es in besagten Ländern mittlerweile erlaubt ist, Weine zunächst in ihre Bestandteile zu zerlegen, und anschließend beliebig kombiniert wieder zusammenzufügen und am besten noch mit ein bisschen flüssigem „Barrique-Aroma“ zu würzen.

Deswegen mein Angebot zur Güte: Wir trinken unseren Schrott künftig alleine, und falls sich – was zu hoffen wäre – hierzulande nicht genügend Abnehmer finden, werden eben ein paar Wein“berge“ gerodet. Eine sinnvolle Verwendung für diese Flächen ist leicht zu finden, z.B. Anbau von Futterpflanzen oder nachwachsenden Energierohstoffen. Im

Gegenzug verschont auch ihr uns mit gewissen Flüssigkeiten. Doch solange der Im- und Export von Flüssigmüll noch Profite verspricht, müsste wohl etwas nachgeholfen werden. Wie wär's mit einer weltweiten Ökosteuer auf Transporte nicht lebenswichtiger Güter? Der Preisvorteil von Billigimporten aus Übersee wäre schlagartig dahin, die Belastung der Ein- und Ausfuhr von mittel- und hochpreisigen Qualitätätsweinen dagegen marginal.

Lob des Außenseiters

Der Ruf des Elbling ist miserabel. Zeit für eine gründliche Ehrenrettung

In der auch auf preußischen Tugenden und Errungenschaften beruhenden Bundesrepublik Deutschland hat fast alles seine Ordnung. Von den weltweit etwa 10.000 bekannten Rebsorten, darunter rund 1.000 mit einer über eng begrenzte Regionen hinausgehenden ökonomischen Bedeutung, haben es aktuell 145 in das Bundessortenregister geschafft. Was dort registriert ist, gilt als anbau- und verkehrsfähiger Kelterwein, wobei sich einige Sorten noch in der restriktiven Kategorie des „Versuchsanbaus“ befinden.

Doch ein Blick auf die Statistik erinnert trotz der behördlich dokumentierten Rebsortenvielfalt schnell an die Monopolisierungstendenzen anderer Branchen. 54,7 Prozent der 102.000 Hektar umfassenden Anbauflächen sind mit den „großen Vier“ bestockt: Müller-Thurgau (Rivaner), Riesling, Spätburgunder und Dornfelder. Traditionelle Rebsorten wie der Silvaner und der Elbling befinden sich ebenso im Sturzflug wie mehr oder weniger kurzlebige Modeerscheinungen à la Ortega, Morio-Muscat, Scheurebe und Kerner, deren Plätze mittlerweile von „internationalen Weinen" wie Cabernet, Merlot und Chardonnay eingenommen werden. Shootingstar der jüngeren Neuzüchtungen ist der Regent. Eine kleine Renaissance haben nach jahrelangen Schrumpfkuren die weißen Burgundersorten, der Lemberger und andere traditionelle Rotweinreben wie Samtrot und Schwarzriesling erlebt. Als komplett zeitgeistresistent erwies sich über Jahrzehnte lediglich der in Württemberg angebaute und verzehrte Trollinger, der allerdings bis heute in den meisten Fällen den geschmacklichen Beweis schuldig geblieben ist, dass es sich bei ihm wirklich um Wein handelt. Ihn sollte man eher essen; unter dem Namen „Black Hamburg" ist er gelegentlich auch als äußerst wohlschmeckende Tafeltraube erhältlich. Vielleicht liegt es aber auch an den schwäbischen Winzern, denn in Südtirol werden aus dieser Rebsorte – unter den Bezeichnungen Edel-, Mitter-, Grau- und Tschaggelevernatsch – viele gute bis großartige Weine gekeltert.

Die Marktdominanz der „großen Vier" ist zwar nicht unbedingt begrüßenswert, aber erklärlich. Bei Riesling ist der Fall sowieso klar: Diese spätreifende Sorte findet in einigen deutschen Regionen – die im weltweiten Weinbaukorridor allesamt nördlich liegen – optimale Wachstumsbedingungen vor. Er gilt als Inbegriff von Mineralität und Säurespiel und weltweit mittlerweile als Gegenpol zum „fetten" Chardonnay. Und auch der lange Zeit stiefmütterlich behandelte hiesige Spätburgunder hat inzwischen internationale Konkurrenzfähigkeit erlangt. Müller-Thurgau und Dornfelder sind dagegen eher Ergebnis des Bestrebens vieler Weinbaubetriebe, möglichst ertragreiche Sorten auch in minderwertigen Lagen anbauen zu können.

So weit, so gut oder auch schlecht. Denn vielen äußerst interessanten, autochthonen deutschen Rebsorten wird der tastende Weinkunde nur schwerlich begegnen. Zumal diese in der Weinpublizistik nicht selten als „minderwertig“ abgekanzelt werden.

Ich möchte die Gelegenheit nutzen, um für eine dieser Rebsorten eine Lanze zu brechen. Es geht um den Elbling, der bis zum ausgehenden Mittelalter vermutlich über 90 Prozent der deutschen Rebfläche zierte und heutzutage auf wenig mehr als 500 Hektar ein Nischendasein auf Muschelkalkböden fast ausschließlich an der südlichen Mosel fristet.

Die von den Weinkoryphäen verbreiteten Urteile über diese Rebsorte, die ich vor 11 Jahren kennen und lieben lernte, sind in der Regel vernichtend. Jancis Robinson attestiert dem Elbling in ihrem Oxford-Weinlexikon „beißende Säure“. Selbst bei reduzierten Erträgen wiesen diese Weine „selten Persönlichkeit, geschweige denn Charme“ auf. Hugh Johnson bezeichnet Elbling als „oft scharf und fade“, sieht aber wenigstens in „begünstigten Lagen“ wie Nittel und Schloss Thorn das Potenzial für „lebhaften, frischen Wein“. Und auch in einem jährlich erscheinenden Führer über Deutschlands Weine wird Elbling bestenfalls eine Zukunft als „deutsche Antwort auf Prosecco“ zugestanden. Letzteres ist wenigstens nicht ehrenrührig, sofern sich diese Empfehlung auf echten, geografisch und herstellungstechnisch streng begrenzten Prosecco und nicht auf die handelsüblichen, mit Kohlensäure aufgepeppten Fälschungen bezieht. Doch der Stich ins Herz des Elbling-Freundes bleibt. Der motiviert allerdings zur Gegenattacke.

Sicher: Elbling wird nach wie vor oft mit aberwitzigen Hektarerträgen produziert und als säurebetonter, billiger Grundwein für Sekte vermarktet. Und auch bei ertragsreduzierten Elblingen wird man kaum das ganz große Aromenspiel finden. Über Alterungspotenzial verfügt er (abgesehen von unten genannten Ausnahmen) nicht. Im Gegenteil: Man sollte stets den aktuellen Jahrgang trinken.

Doch ein „guter Wein" definiert sich nicht oder jedenfalls nicht ausschließlich nur an und für sich, sondern durch den Kontext seines Genusses. An einem warmen Sommernachmittag auf der Terrasse ziehe ich einen guten Elbling jedenfalls jedem „Großen Gewächs" von der Mosel vor. Zu Austern habe ich trotz einiger Versuche keinen besseren Begleiter als einen guten Elbling gefunden. Adäquat erschienen mir bislang lediglich französische Weißweine wie „Picpoul de Pinet" und „Gros Plant", der auf der Rebsorte Folle Blanche basiert. Den in bestimmten Kreisen beliebten Genuss von Champagner zu Austern habe ich aufgrund der Kohlensäure stets als unziemliche Belastung empfunden und edle Chardonnays (Chablis) oder Sauvignons drücken den himmlischen Glibberteilchen mit unangemessener Dominanz ihren Stempel auf. Seit zehn Jahren widme ich mich daher regelmäßig dem Thema „Austern und Elbling" mit umfangreichen Blindvergleichsproben.

Unter den dazu eingereichten, bis zu 30 Exemplaren befinden sich in der Tat des Öfteren grauenvolle Getränke. Dabei geht es nicht nur um besagte „beißende Säure", sondern nicht selten um das genaue Gegenteil. Auch etliche Elbling-Winzer meinen sich dem „Weltweingeschmack" anpassen zu müssen und malträtieren den unschuldigen

Most mit Säurereduzierung, gewaltiger Chaptalisierung, Aromahefen, Sauerstoffspritzen oder heftiger Süßreserve. Laut deutschem Weinrecht darf so was dann manchmal sogar „Classic" heißen. Sogar Elbling aus dem kleinen Holzfass ist mir schon unter die Nase und in den Mund gelangt, um anschließend im Ausguß zu vertröpfeln. Wer meint, an der südlichen Mosel aus Elbling-Trauben einen Pseudo-Chardonnay für ganz Arme herstellen zu müssen, sollte seine Bestände konsequenterweise aushacken und die Neubestockung mit „höherwertigen" Rebsorten in Angriff nehmen. Ob daraus dann etwas wird, steht auf einem anderen Blatt. Doch wer sich seiner mit Elbling bepflanzten Hänge nicht schämt, kann daraus, besonders wenn er den Ertrag deutlich reduziert, einen trockenen, gradlinigen, spritzigen Tropfen produzieren, der mit 10,5 bis maximal 12 Prozent Alkohol , 3 bis 6,5 Gramm Restsüße und einer Säure von bis zu 7 Promille bestens ausgestattet ist. In guten Jahrgängen weist Spitzen-Elbling neben den charakteristischen Zitrus- auch feine Steinobst- und manchmal sogar dezente Mandeltöne oder eine ganz leicht salzige Nuance auf. Jedenfalls hat unser „Elbling-Austern-Finale" mit jeweils vier bis sechs Weinen bislang alle Elbling-Skeptiker unter den teilnehmenden Journalisten, Köchen und Weinhändlern stets überzeugt.

Eine ähnlich gute Figur machen diese Weine auch zu unspektakulär gewürzten Fisch- und Meeresfrüchtegerichten und als Begleiter von Spargel pur, (also nur mit Kartoffeln und zerlassener Butter, ohne Schinken, ohne Schnitzel, ohne Hollandaise). Nahezu unschlagbar sind sie ferner im Sommer nach einem erfrischenden Bad im See, auf der Gartenparty oder als anregender „Bürowein" am Ende eines Arbeitstages. Zudem hat der miserable Ruf dieser Rebsorte einen großen Vorteil:

Für wenig mehr als 3 Euro erhält man bei einigen Winzern bereits brauchbare Literabfüllungen und nach einem Elbling, der ab Hof mehr als 5,50 kostet, muss man zwischen Trier und Perl schon ziemlich lange suchen. Dabei kann man allerdings auf ein paar edelsüße Auslesen und Eisweine stoßen, die auch eingefleischte Elblinghasser gewaltig ins Grübeln bringen würden.

Genug der Lobhudelei. Angesichts des schmuddligen Berliner Novemberwetters gönne ich mir jetzt einen Schluck Sonne in Form eines Elblings von Stefan Steinmetz und träume vom ersten Spargel Ende April.

Zwischen Spleen und Größenwahn

Die wahren Wein-Exoten kommen nicht aus Übersee, sondern aus Werder, Schwerin, Hamburg, Kopenhagen und der Provinz Limburg

Wein anbauen ist auf den ersten Blick eine ziemlich einfache Sache. Abgesehen von den in Privatgärten ohnehin recht verbreiteten Rankreben, ist es auch kein Problem, ein paar Quadratmeter Boden umzugraben und dort ein paar Jungreben einzubuddeln. Auch unter ungünstigen klimatischen Bedingungen wird sich kaum verhindern lassen, dass die Rebe irgendwann zu blühen beginnt und sogar so was Ähnliches wie Trauben produziert. Einigermaßen fachgerechte Pflege vorausgesetzt, wird man das Zeug irgendwann auch keltern können. Entsprechende Fachbücher gibt's in jeder Buchhandlung, Hefe und Zucker im Supermarkt und auch ein Ballon samt Röhrchen ist leicht aufzutreiben.

Für einige Zeitgenossen ist das – jenseits aller professionellen Ambitionen – ein verlockender Gedanke. Wie z.B. bei meinem alten Bekannten S., den ein hartes Schicksal, das irgendwas mit Frauen zu tun gehabt haben soll, vor vielen Jahren aus der schwäbischen Trollinger-Provinz in die Berliner Wein-Diaspora verschlug. Lange Jahre schlug sich der gelernte Ingenieur als selbständiger Elektronikbastler durchs Leben und brachte es immerhin zu einer respektablen Datsche im ostniedersächsischen Söllingen.

Und was macht ein nostalgisch veranlagter Schwabe im kargen Sand des Elm-Höhenzuges am Zaun seiner schattigen Hütte? Natürlich Wein anbauen. Zwar schwärmte S. bei jeder Gelegenheit von seinem „sehr runden" Müller-Thurgau, jedoch ist es noch keinem seiner weinverständigen Freunde und Bekannten gelungen, einen Tropfen zu ergattern.. Angeblich war er entweder „alle", „noch nicht fertig" oder eine schließlich entdeckte Flasche sollte „für einen besonderen Anlass" aufgehoben werden. Ungläubiges Kopfschütteln und anzügliche Bewerkungen über den Phantomwein wurden von S. stets mit dem Entkorken einiger Edelweine aus seiner umfangreichen Sammlung neutralisiert. Ein Bekannter in Niederbayern hat da weniger Skrupel. Seit Jahren beweist er ein gutes Händchen für allerlei selbstgefertige Ansätzschnäpse und Liköre (sein „Tannenwipferl" ist ein Gedicht!) Sein freimütig gereichter Rotwein aus eigenem Anbau schmeckte allerdings böse nach Rohrreiniger und verdorbenem Essig.

Natürlich gibt es in eigentlich weinfernen Anbaugebieten auch „Profis". So wird in Werder (Brandenburg) Wein nicht nur kommerziell angebaut, sondern auch offensiv vermarktet. Die Basisweine – ein äußerst flacher Müller-Thurgau und ein extrem pappiger Dornfelder, jeweils mit der Lagenbezeichnung „Werderaner Wachtelberg" – sind ab Hof für 7,70 bzw 7,50 Euro zu erhalten, der „Spitzenwein" des Gutes, ein ziemlich schräger, im Holzfass gereifter Regent, wird mit 11 Euro veranschlagt. Im offenen Ausschank werden in der Region nicht selten 4 Euro oder gar mehr pro Glas verlangt. Dass sich das Zeug in der weitgehend geschmacksfreien Zone rund um Berlin sogar verkaufen lässt, kann allerdings kaum verwundern: Weine, die es sonst in brandenburgischen Gaststätten gibt, sind oftmals auch nicht besser. Natürlich wird auch in Mecklenburg-Vorpommern in den berühmten Toplagen rund um Schwerin Wein angebaut, seit drei Jahren sogar mit dem weingesetzlichen Status eines „Landweines" versehen.

Doch es ist nicht fair, nur über die Ossis zu spotten. So ist beispielsweise Berlin schließlich nur zur Hälfte Osten und zudem Hauptstadt. Dennoch herrscht dort nach wie vor die Unsitte, Gästen der Stadtregierung bzw. Gastgebern von Delegationen aus Berlin offiziell ein auf in der Innenstadt angebauten Trauben basierendes Getränk namens „Kreuz-Neroberger" zu überreichen. Auch in der Alt-BRD passieren erstaunliche Dinge. So berichtet ein „Hamburger Privatwinzer" von denen es sogar mehrere geben soll, im Internet von seinen Erfahrungen. Sogar der Hamburger Senat hat demnach einen kleinen Weingarten an den Landungsbrücken am Hafen angelegt. „Leider wurden mehrere Jahrgänge unmittelbar vor der geplanten Lese gestohlen und konnten nicht für die Stadt Hamburg gekeltert werden", bedauert unser „Privatwinzer". Ihm selber gab dieser kleine Wink mit dem Zaunpfahl seitens hanseatischer Zeitgenossen, die die Selbstdemontage der Stadt verhindern wollten, offenbar nicht zu denken. Im Gegenteil: „Seit 1991 versuche ich nun, einen guten Tropfen anzubauen und zu keltern. Leidvoll musste ich erfahren, dass herkömmliche Ertragssorten wie Müller-Thurgau, Blauer Portugieser, Ortega (sic!) und Spätburgunder extrem pflegebedürftig sind. Bis ich 1996 schließlich genug nahe und nahezu komplett den Bestand gerodet habe". Ende gut, alles gut? Mitnichten: „Ich habe ihn durch pilztolerante Neuzüchtungen ersetzt."

Na dann, Prost. Doch obwohl bereits Hamburg für Weinbau ungefähr so gut geeignet ist, wie Kuba für die Eisbärenzucht, geht es rund 200 Kilometer weiter nördlich so richtig zur Sache. Bereits 2002 wurden in der Nähe von Kopenhagen 5.000 Reben der Neuzüchtung Rondo gesetzt. Laut EU-Weinmarktordnung dürfen die Dänen bis zu 99 Hektar für den kommerziellen Weinbau nutzen, es gibt mittlerweile sechs „professionelle" Weinbaubetriebe und unzählige Hobbywinzer. Im Handel erzielt ein solider „Rondo" aus Bornholm Preise von über 20 Euro pro Flasche, einige jütländische „Spezialitäten" sogar noch wesentlich mehr.

Wenn mit Lebensmitteln gleich welcher Art Schindluder gerieben wird, dürfen natürlich die Niederlande nicht fehlen. Das Fehlen geeigneter Böden und klimatischer Voraussetzungen für den Weinbau kann den „Winzern" in der europäischen Gewächshaushochburg nichts anhaben. Über 200 Hektar „Rebfläche" gibt es mittlerweile, ein Großteil davon unter Glas. Natürlich nur vom Feinsten: Bei der niederländischen Weinbauern stehen Riesling und Burgundersorten ganz hoch im Kurs. Aufgrund der niedrigen Mostgewichte muss laut Berichten meistens heftig angereichert werden, um überhaupt eine Gärung in Gang zu setzen. Dennoch heißt es in einer Werbebroschüre der Provinz Limburg: „Den Mittelgebirgen Deutschland vorgelagert, genießt die Provinz ein außergewöhnliches mildes Klima. Dieses sorgt dafür, dass der Weinanbau hier in Drenthe floriert und zugleich in der Pracht der Pflanzen südeuropäisches Feeling auskeimt."

Warum dieser Pseudowein produziert wird und ebenfalls stets im zweistelligen Eurobereich gehandelt wird? Keine Ahnung; vielleicht passt er besonders gut zu Treibhaustomaten und karotin-gefärbtem und bestrahltem „alten“ Gouda.

Jenen Weinfreunden, die – anders als ich – glühende Verfechter eines weitgehend oder gar komplett ungeregelten Marktgeschehens sind, sollte wenigstens ein klein bisschen Zornesröte ins Gesicht steigen. Da müssen Moselwinzer ihre Schiefersteillagen aufgeben, weil sie keine Chance haben, dort produzierte, hervorragende Rieslinge einigermaßen kostendeckend zu produzieren, weil sie von Verkaufspreisen von 10 Euro oder gar mehr nur träumen können. Und bei den „Kollegen“ in Dänemark und den Niederlanden klingeln die Kassen für fragwürdige Neuzüchtungen und hochchaptalisierte Treibhausweine. Dabei wird sowohl in Europa, als auch weltweit ohnehin viel mehr Wein produziert, denn konsumiert. Die globale Erzeugung lag 2008 bei knapp 290 Millionen Hektolitern, der Verbrauch mehr als zehn Prozent darunter.

Danke Bruno. Danke Gabi

Trotz einer Sozialisation fern von großen leiblichen Genüssen kann man sich zum Feinschmecker entwickeln – wenn man denn will

Nein, ich bin ganz bestimmt nicht zum Gourmet geboren worden. Zu meiner Erstaustattung in der elterlichen Zwei-Zimmer-Wohnung in Berlin-Moabit gehörten weder ein Hummerbesteck, noch ein Austernmesser. Und meine Geburt wurde definitiv nicht mit Champagner begossen, sondern bestenfalls mit ein paar Bieren. Meine Eltern haben meinen Weg ins Leben zwar äußerst liebevoll und fürsorglich begleitet und anfangs auch gestaltet, doch unsere materielle Lage war eher schwierig. Als Mangel habe ich das eigentlich nie empfunden. Im Gegenteil: Im Rückblick bin ich ausgesprochen froh, ohne Auto und ohne Fernseher ausgewachsen zu sein.

Über Qualität und Zubereitungsfinessen meiner Säuglingsnahrung kann ich keine Aussagen machen. Ähnliches gilt für die frühkindliche Phase. Als Schulkind bekam ich jedenfalls jeden Mittag eine von meiner Mutter aus frischen Zutaten hergestellte, schmackhafte warme Mahlzeit, darunter viele saisonale Eintöpfe. Meine Erinnerungen an größere kulinarische Events beschränken sich auf die obligatorische Weihnachtsgans, die alljährlich – mit Äpfeln gefüllt und begleitet von Grün- und Rotkohl sowie Kartoffelknödeln – am 1. Feiertag serviert wurde. Über die Qualität der dazu gereichten Rotweine kann ich ebenfalls keine Angaben machen, da ich aus pädagogischen Gründen von ihrem Genuss ausgeschlossen wurde.

Meine Eltern mussten aufgrund undurchsichtiger Subventionsschwindeleien des Arbeitgebers meines Vaters Berlin 1971 gen Niedersachsen (Hameln!!) verlassen. Nach harten Kämpfen konnte ich mein Verbleiben in der ummauerten Stadt durchsetzen und verbrachte die kommenden Jahre in mehr oder weniger funktionierenden Wohngemeinschaften. Ab dem zarten Alter von 16 Jahren war ich somit weitgehend auf die Selbstorganisation meiner Nahrungszufuhr angewiesen.

Kulinarischer Mittelpunkt meines Lebens wurde zunächst die nur wenige Busstationen von meiner Schule entfernte Mensa der Technischen Universität, die für 1,20 bzw. 1,60 DM eine warme Mittagsmahlzeit offerierte. Deren Speiseangebot war ebenso legendär wie verhasst. Meine ältere Schwester, seinerzeit eine aufstrebende Aktionskünstlerin, erregte einiges Aufsehen, als sie ein just erworbenes paniertes Fischfilet mittels eines Zimmermannsnagels an der Mensawand befestigte, wo es vermutlich noch heute hängen würde, wenn nicht ein Bediensteter nach einer halben Stunde die Performance beendet und meiner Schwester Hausverbot erteilt hätte.

Am Wochenende war die Mensa zu, und so lag der Gedanke nahe, es auch schon mal selbst mit Kochen zu versuchen, zumal unsere bescheidenen Taschengeld- und Unterhaltseinkünfte aushäusigem Essen enge Grenzen setzten. Unser bisschen Geld benötigten wir zudem in erster Linie für den Erwerb von Schallplatten und gelegentlich auch THC-haltiger Produkte. Die überall erhältlichen und außerordentlich billigen Rohstoffe Spaghetti und Tomatenmark bildeten die Grundlage umfassender Experimente. So entdeckten wir die Veränderbarkeit des Geschmacks mittels Gewürzen und Kräutern. Beim Wein bewegten wir uns zunächst allerdings auf der Stelle und pendelten zwischen einem spanischen Süßwein namens „Santa Lucia" und den unvermeidlichen Lambrusco-Gallonen.

Zwei Ereignisse sollten meinen Werdegang zum Feinschmecker entscheidend prägen. Zunächst trat Bruno in mein Leben. Der stammte aus dem Saarland und war trotz proletarischer Herkunft (Bergmanns- und Stahlwerkerfamilie) schon früh mit hervorragenden Weinen sozialisiert worden. Bereits als 19jähriger verfügte er über eine imposante Batterie – nicht immer legal erworbener – mittlerweile leerer Flaschen, deren vormaligen Inhalt er in mehreren Kladden säuberlich dokumentiert hatte. In diese Zeit fallen sowohl mein erster Grand Cru, wie auch ein paar Gläschen „Kallstadter Kobnert Trockenbeerenauslese".

Dann zog Gabi in unsere WG. Mit unglaublicher Selbstverständlichkeit fertigte sie Dinge wie auf Limettenscheiben gedämpften Seeaal mit grünem Spargel an Wildreis oder ein Schwarzwurzel-Kartoffelgratin mit frischen Pfifferlingen. Seinerzeit interessierte ich mich eigentlich nur für die bevorstehende sozialistische Weltrevolution unter Führung der Kommunistischen Partei Chinas bzw. meinen unaufhaltsamen Aufstieg zum deutschen Jimi Hendrix. Doch plötzlich bekamen Begriffe wie Blanchieren und Vinaigrette für mich eine ähnliche Bedeutung wie antirevisionistisches Bündnis oder mediantische Kadenzverschiebung. Die Zeiten, die ich außerhalb der Mensa-Öffnungszeiten mit desaströsen Experimenten wie in Mayonnaise gekochtem Hühnerfilet verbrachte, waren vorbei.

Der Rest war Reisen und Probieren. Unsere ersten Tramp-Trips nach Amsterdam und London blieben zwar noch auf der Fritten-Ebene, doch Paris brachte 1973 den Durchbruch. Das mit Straßenmusik und Schachspielen verdiente Geld trugen wir postwendend in einfache Restaurants und Weinhandlungen, sowie in die Markthalle. Zwar blieb mein Leben bis zum heutigen Tag fast immer von notgedrungener Ausgabendisziplin fremdbestimmt, aber der Wunsch nach gutem Essen und Trinken hatte sich nunmehr unauslöschbar in mir festgesetzt. Weitere Meilensteine auf dem Weg zum Schlemmer waren politisch und beruflich motivierte Einladungen nach Bologna und in die Bretagne, wo vor allem meine Liebe zu Meeresgetier in allen Varianten erwachte.

Irgendwann begann ich meine „Karriere" als ambitionierter Hobbykoch. Meine spät erwachte Passion für ausgedehnte Fahrradtouren in so unterschiedliche Regionen und Länder wie Malaysia, Vietnam, Kuba, Portugal, Elsass und Bretagne sowie in deutsche Weingebiete erweiterte mein Repertoire. Auch die Bekanntschaft mit einigen guten Profi-Köchen brachte mich Schritt für Schritt voran. Seitdem wird regelmäßig eigenes Brot gebacken und die Tiefkühltruhe dient nicht als Lagerstätte für Junkfood, sondern zur Aufbewahrung selbst hergestellter Fonds und Glacés. Mein vor elf Jahren vollzogener Berufswechsel – vom Musikpädagogen zum Journalisten – eröffnete dann weitere Möglichkeiten, da ich mich keineswegs auf meine Tätigkeit als Politikredakteur beschränken mochte und begann, über Wein und Speisen zu schreiben, was zwar intensive und zeitaufwändige Beschäftigung mit der Materie erforderte, aber auch zu einer sprunghaften Erweiterung der Probiermöglichkeiten führte.

Ich schreibe gern, deswegen habe ich auch den Job gewechselt. Aber fast noch lieber koche, esse und trinke ich Wein. Mit einigen Menschen kann ich diese Leidenschaft teilen, andere (sogar meine Lebensgefährtin) halten mich für leicht behämmert, wenn ich stundenlang begeistert in der Küche werkele, in wahre Lobgesänge über die Kombination bestimmter Weine und Speisen ausbreche und seit einiger Zeit auch noch intensiv Selbstversorgungsanbau auf unserem brandenburgischen Wochenendgrundstück betreibe. Aber auch sie isst und trinkt gerne mit. Und ich mache auch gerne den Abwasch.

Ich weigere mich mittlerweile Restaurants zu besuchen, in denen schlechter und vor allem langweiliger gekocht wird, als bei mir zu Hause in Berlin oder Wandlitz. Und ich trinke aushäusig auch keine Weine mehr, die ich im Wohnzimmer oder auf der Terrasse nicht mit der Kneifzange anfassen würde.

Snobismus? Gott bewahre, eher das Gegenteil, würde ich meinen. Ich will einfach nur gut essen und trinken, obwohl ich mir das eigentlich gar nicht leisten kann. Top-Weine für 30, 50 oder noch mehr Euro sprengen – von ganz wenigen Ausnahmen abgesehen – mein Budget und auch das meiner meisten Bekannten und Leser. Deswegen bin ich ständig auf der Suche nach adäquatem Material in niedrigeren Preisregionen. Und ein richtig gepflegtes Fünf-Gänge-Menü ist auch nur drin, wenn ich die Austern selber knacke, den Rehrücken oder ein paar Fasane von einem befreundeten Jäger für kleines Geld bekomme und den Zander beim örtlichen Fischer erstehe. Ich habe mir meine Genusskompetenz jedenfalls hart erarbeitet und kann sie keinesfalls mit dem Scheckbuch ausleben. Und das begreife ich auch als meinen kleinen Beitrag für das Anliegen dieses Buches: Eine demokratische Genusskultur.

Das „rauschende Winzerfest"

Weinwerbung ist schon schlimm genug. Aber die leibhaftigen Greiferkolonnen obskurer Direktvermarkter sind noch einen Zacken schärfer

Die Welt ist voller Menschenfreunde. Täglich findet man in seinen virtuellen und realen Briefkästen mannigfaltige Zeugnisse der Philantropie. Es wimmelt nur so vor Aufforderungen, seine Gewinne einzulösen, fast geschenkte Reisen zu unternehmen und alles Mögliche „kostenlos und unverbindlich" zu testen. Natürlich haben auch Weinvermarkter längst ihren Hang entdeckt, Menschen eine Freude zu machen. So erhielt der „Sehr geehrte Herr Balcerowiak",als er noch in Berlin-Schöneberg wohnte, regelmäßig eine „persönliche Einladung" zu einem „großen traditionellen Winzerfest" mit „feinen Gourmet-Spezialitäten nach Winzerart" samt „Degustation edler Weine renommierter Winzer, Domainen und Chateaux" vom „Zechwein bis zum großen Gewächs". Alles natürlich völlig kostenlos, wie auch die Teilnahme an einer Tombala.

Selbstverständlich ist die „persönliche" Losnummer stets in der beigefügten Gewinnliste vertreten, und so kann man sich „mit 100prozentiger Garantie“ auf einen „der schönen Superpreise“ freuen. Das hätten laut Liste eine zweiwöchige Reise ins Bordelais, eine „hochwertige Digitalkamera“, 500 Euro, 30 Gramm Gold oder „eine Flasche Spitzenwein aus unserem Raritätenkeller“ sein können. Ich wäre stets bereit, ziemlich hohe Wetten abzuschließen, dass mein „Supergewinn“ die Flasche „Spitzenwein“ sein würde, wohl wissend, dass dieser Begriff gesetzlich nicht geschützt ist.

Wer das „rauschende Fest mit vielen Überraschungen“ nicht wahrnehmen kann, bekommt – was für ein Service! – eine kostenlose häusliche Weinprobe offeriert, zu der – wie praktisch – der Tombolagewinn sogar mitgebracht würde. Auch wird die Möglichkeit offeriert, per Post „ausgesuchte und exzellente Winzerweine“ zum „einmaligen Freundschafts-Sparpreis“ zu bestellen. Beigelegte Angebots- und Preisliste machte dankenswerterweise transparent, was der Vertreiber unter „edlen Weinen renommierter Winzer“ und „Freundschafts-Sparpreis“ versteht. Einen lieblichen Vin de Pays de l’Herault für 5,60 oder einen einfachen fränkischen Silvaner-Kabinett für 8,60 Euro könnte man – äußerstes Wohlwollen vorausgesetzt – als offensive Preisgestaltung verbuchen. Weniger wohlwollend könnte man schlicht von Wucher reden.

Wie dem auch sei: Wer die Häscher und Greifer des „Weinguts“ Pallhuber und vergleichbare Wegelagerer auf der „Grünen Woche“ oder bei anderen Großevents ohne psychische und vor allem materielle Schäden überstanden hat, kann sich auch zu Studienzwecken auf ein „rauschendes Fest“ eines bekannten Berliner Großvermarkters trauen. Empfangen wurden mein Begleiter und ich in einer notdürftig auf Winzerromantik gestylten Lagerhalle mit einem klebrig-ungenießbaren „Begrüßungsapéretif-Extra", um dann zügig an einen Achter-Tisch gelotst zu werden. Die „feinen Gourmet-Spezialitäten nach Winzerart" entpuppten sich als kleine Portionsteller mit miesester fetttriefender Wurst. Kaum war der Tisch voll belegt, stürmte unser Betreuer heran und begann, im Minutentakt allerlei Flüssigkeiten in die Probiergläser zu gießen und blumige Beschreibungen des Kredenzten runter zu rattern. Schleunigst wurden die Bestellzettel verteilt. Zeit ist Geld, schließlich war das „rauschende Winzerfest mit vielen Überraschungen" in zehn Tage á vier Schichten pro Nachmittag unterteilt.

Höfliche Anfragen, das Probierglas zwischen den einzelnen Proben ausspülen zu dürfen, stießen auf ebenso wenig Gegenliebe wie der Wunsch nach Wasser und Weißbrot zum Neutralisieren. So richtig außer Fassung geriet unser, vermutlich auf Provisionsbasis agierender, Betreuer allerdings bei dem Wunsch nach Detailinformationen über die gereichten Weine. „Ich weiß nur, dass der trocken ist", „das sind spanische Trauben" oder „das ist eine berühmte, große Kellerei" lauteten die wenig erhellenden Antworten auf Fragen nach Restzucker, Rebsorten und Erzeugern. Und da wir unseren Tischnachbarn mit eher grimmigen Kommentaren über Qualität und Preis-Leistungsverhältnis der offerierten Tropfen die unbeschwerte Bestelllaune zu verderben drohten, wurde der Herr allmählich ungehalten. „Was wollen Sie denn hier, wenn Sie nur rummäkeln", „bisher hat der Wein noch allen Kunden geschmeckt" und „dann müssen Sie eben ins KaDeWe (ein Berliner Nobelkaufhaus) gehen" wurde uns entgegengehalten, bevor er dazu überging uns zu ignorieren und schließlich den Tisch mit einer recht mageren Bestellausbeute wort- und grußlos verließ. Unsere Frage, welcher dieser teilweise ungenießbaren Wuchertropfen zur Kategorie der angekündigten „Großen Gewächse" gehören soll, blieb leider unbeantwortet.

Das „rauschende Winzerfest" neigte sich nach 40 Minuten dem Ende zu. Dienstbare Geister räumten Portionsteller und Probiergläser ab und bedeuteten uns unmissverständlich, von dannen zu ziehen, schließlich wartete schon die nächste Schicht „Festbesucher". Am Ausgang gab es noch den Tombola-Gewinn. Es handelte sich – Überraschung! – um eine Flasche „Spitzenwein aus unserem Raritätenkeller". Ein Blick auf das Etikett des lieblichen spanischen Landweins genügte, um den praktischerweise vor dem Etablissement des „Winzerfestes" stehenden Container zur Entsorgung zu nutzen.

Enttäuscht waren wir nicht. Im Gegenteil: Der kleine Studienausflug in die finstersten Ecken des Wein-Business hatte sich gelohnt. Und natürlich ist es diesen Abzockern nicht gelungen, uns die Lust auf Wein zu verderben. So gingen wir in meine Wohnung. Dort gab es zwar keine „feinen Gourmet-Spezialitäten nach Winzerart" sondern nur ein bisschen anständigen Rohmilchkäse. Wir veranstalteten auch keine „Degustation edler Weine renommierter Winzer, Domainen und Chateaux" vom „Zechwein bis zum großen Gewächs", sondern öffneten einen einfachen, holzfreien Cabernet Sauvignon von der Domaine Peirière, ein Vin de Pays d'Oc. Davon hatte ich vor einigen Tagen in einem gut sortierten Fachgeschäft nach kompetenter Beratung und Kostprobe einen Karton erstanden, für vier Euro pro Flasche. Ganz einfach so, ohne „rauschendes Winzerfest" und „einmaligen Freundschafts-Sparpreis".

Ein Bier, bitte!

Niemand hat das Recht, die bayrische Esskultur mit „Weinempfehlungen" zu konterkarieren

Wer sich durch kulinarische „Fachmagazine", Bücher oder dem Thema gewidmete Zeitungsartikel hindurchliest, stößt mitunter auf recht absonderliche Hervorbringungen. So beschäftigte sich eine recht renommierte Autorin ernsthaft mit der Frage, welche Weine denn zu einer Münchner Weißwurst mit süßem Senf passen würden. Bei anderen Abhandlungen ging es um die Suche nach adäquaten Begleitern für den niederbayrischen Schweinsbraten mit Kraut, Klößen und Dunkelbiersauce oder einer Leberknödelsuppe. Ich habe sogar „Weinfreunde" kennen gelernt, die sich ernsthaft der Frage widmeten, was für einen Tropfen man zur traditionell nach Treibjagden servierten, von einer kräftigen Essigbeize geprägten Hasenbrühe reichen könnte. Die Empfehlung „zur deftigen Brotzeit" kann man mittlerweile ohnehin in jedem zweiten bis dritten Angebotsprospekt eines Winzers lesen.

Doch nicht nur die bayrische Regionalküche ist Versuchen ihrer sinnlosen Überfrachtung bzw. Verunstaltung ausgesetzt. Als Berliner Weinjournalist könnte man wahrscheinlich unheimlich punkten, wenn man der Fachwelt und allen interessierten Laien mitteilt, welch unvergleichliche Geschmackssymphonien sich mit Kombinationen wie Eisbein, Erbsenpüree, Sauerkraut + Grauburgunder, Pferderoulade, Gurken, Rotkraut + Pinotage oder Salzhering, Zwiebeln, Kartoffelsalat + feinherber Riesling komponieren lassen. Und es wäre doch gelacht, wenn nicht irgendein findiger Experte die passende Beerenauslese zu roter Grütze mit Vanillesauce oder Apfelkompott entdecken würde.

Das Ganze läuft dann unter Labels wie „Verfeinerung", „Veredelung" oder gar „Weiterentwicklung" bodenständiger Genusskultur. Dabei handelt es sich lediglich um eine Spielart jenes Exotismus, der sich aus purem Überdruss an Bewährtem nährt, oder – etwas einfacher ausgedrückt – um groben Unfug. Auf alle Fälle nicht um irgendeine Form von „Innovation", sondern um das ziemlich genaue Gegenteil.

Bleiben wir in Ober- und Niederbayern; zwei Regionen, die sich nicht durch ihre Wein- sondern ihre Brautradition in den kulinarischen Annalen der Menschheit verewigt haben. Das Verhältnis der Bayern zu Bier scheint nach meinen Beobachtungen ähnlich zu sein, wie das vieler Franzosen oder Portugiesen zu Wein: Sie trinken es eigentlich bei jeder Gelegenheit und kommen daher vom Säugling bis zum Greis auf einen jährlichen Durchschnittskonsum von 155 Litern – 45 mehr als der Bundesdurchschnitt. Beim Wein liegen die Bajuwaren dagegen ziemlich weit hinten und gäbe es nicht die einst zwangseingemeindeten Franken, sähe es noch trüber aus.

Für jeden Freund einer demokratischen Genusskultur gilt es, diesen Zustand so gut es geht zu verteidigen. Denn die Bayern haben im Laufe der

Jahrhunderte logischerweise eine äußerst bieraffine Regionalküche entwickelt. Böhmische Einflüsse taten ein Übriges. Eine mehr als vier Basisweine umfassende Weinkarte ist daher in einem bayrischen Landgasthof ähnlich deplaziert wie ein gepflegtes Fassbiersortiment in einem burgundischen Bistro oder einer toskanischen Trattoria. Verschärftes Interesse hätten Freunde regionaler Genüsse dagegen sicherlich an einer größeren Auswahl regionaler Brauspezialitäten: Helles, Dunkles, Export, diverse Weizenbiere. Und jeder Wirt, der was auf sich hält, wird dem fremdem Gast sicherlich eine Empfehlung geben können, was denn nun zum Radi, zur Sulz, zum Spanferkel, zum Obatzda oder auch zur Brezn das angesagte Getränk sein könnte. Langweilig wird das bestimmt nicht; trotz Fusionen und „Marktbereinigung" gibt es in Bayern noch immer rund 600 Brauereien und wer sich die Mühe macht, wird sehr schnell auf verschiedene Braustile stoßen.

Natürlich findet man jenseits des Weißwurstäquators auch internationale Küche. Italien und Österreich sind nicht weit, längst gibt es in dem einstigen Agrarland eine weltläufige Mittelschicht und etliche Zu'greiste, denen nicht oder nicht immer der Sinn nach Deftigem steht. Die werden in bayrischen Groß- und Mittelstädten hervorragend bedient und können sich hier und da auch an einer anständigen Weinkarte erfreuen oder gut sortierte Fachgeschäfte aufsuchen. So soll es sein. Ein Schauder läuft dagegen jedem Genießer über den Rücken, wenn er jenem schrecklichen „Crossover" begegnet, bei dem die subtile Verarbeitung neuer Einflüsse mit Beliebigkeit verwechselt wird.

Längst wird besagter Exotismus als hässliche Variante der Globalisierung auch in die andere Richtung forciert. Das Deutsche Weininstitut und auch der Verband der Prädikatsweingüter sind stolz wie Bolle, was für exorbitante Steigerungsraten sie besonders beim Export nach Asien zu verzeichnen haben. Nun bin ich der Letzte, der Genussfreunden in China, Japan und Südkorea keinen anständigen Riesling gönnen würde. Und die deutsche Weinwirtschaft braucht sich mit vielen ihrer Produkte wahrlich nicht zu verstecken und hat natürlich ein legitimes Interesse daran, neue Märkte zu erschließen. Dass es sich dabei aber auch um eine subtile Spielart des Kolonialismus und gar der Körperverletzung handelt, wird gerne ausgeblendet. Denn Wein ist, besonders in Südostasien, nicht nur ein kultureller Fremdkörper, sondern für viele der dort lebenden Menschen äußerst schlecht verträglich. Untersuchungen haben eindeutig ergeben, dass bei 50 und 60 Prozent der Bevölkerung in den genannten Ländern Alkohol enzymatisch bedingt deutlich schlechter abgebaut wird als hierzulande. Bei der Zerlegung des Äthanols im Körper entsteht das giftige Zwischenprodukt Acetaldehyd, das mit Hilfe des Enzyms ALDH in – vergleichsweise harmlose – Essigsäure umgewandelt wird. Dieses ALDH-Enzym arbeitet bei den meisten Asiaten deutlich langsamer als bei uns, bei nicht wenigen ist es praktisch inaktiv. Ein in unseren Breitengraden gut verträgliches Quantum von zwei oder drei Gläsern Wein führt bei den meisten fernöstlichen Konsumenten nahezu zwangsläufig zu Folgen, die hierzulande von mittel- oder richtig schweren Räuschen bekannt sind: Schwindelgefühl, Gleichgewichts- und Sprachstörungen, Kopfschmerzen, Übelkeit. Lediglich Reiswein soll – warum auch immer – besser verträglich sein.

Während in Europa und den USA ALDH-Blocker mittlerweile begleitend in der Alkoholikertherapie eingesetzt werden, um den Patienten den Genuss von äthanolhaltigen Getränken nachhaltig zu vergällen, will man den Kunden in den neuen Mittelschichten der asiatischen Länder mittels äußerst aggressiver Werbung und Lifestyle-Suggestion möglichst große Mengen des für sie unverträglichen Stoffs einflößen. Die gesellschaftlichen Umstände des Weinkolonialismus lassen glücklicherweise nicht befürchten, dass die Propagierung des Alkohols bei Asiaten ähnlich verheerende Folgen zeitigt, wie seinerzeit bei den Indianern, deren Gemeinwesen und Sozialstrukturen durch billigen Branntwein nachhaltig zerstört wurden. Auch ihnen fehlt – noch verbreiteter als in den bereits genannten Ländern – das ALDH-Enzym.

In puncto Genuss brauchen sich die Asiaten ohnehin nichts von Europäern erzählen lassen. Was in Thailand, Japan, Vietnam, Korea und den verschiedenen Provinzen Chinas so alles gebraten, gekocht und gedämpft wird, weist oftmals nicht nur eine sensationelle Aromenvielfalt auf, sondern ist auch äußerst bekömmlich, nicht zuletzt weil die dortige Esskultur untrennbar mit Erkenntnissen der traditionellen Medizin verwoben ist und auf Prinzipien wie den „fünf Elementen" bzw. „Yin und Yan" beruht. Ernährungsbedingte Volkskrankheiten wie Darmkrebs sind in diesen Ländern so gut wie unbekannt, das gilt auch für Alkoholismus. Die diversen Tee-Spezialitäten munden zudem vortrefflich zu den köstlichen Gerichten.

Welches Recht haben wir eigentlich, mit allen Mitteln zu versuchen, diese kulinarische Kultur zu untergraben? Warten unsere Exportförderer jetzt auch auf die Entstehung kaufkräftiger Schichten in Ostafrika und in der Karibik, um auch dorthin eine möglichst blonde Weinkönigin zwecks Absatzförderung hinzuschicken? Sind wir eigentlich besser als die US-Amerikaner, die mittlerweile die gesamte Welt – außer vielleicht Nordkorea und ein paar andere Staaten – mit ihrer Fastfood-„Kultur" beglückt haben?

Als Kritiker der kulinarischen Beliebigkeit und des Genussimperialismus will ich rein gar nichts mit Volkstümelei und Abschottung zu tun haben. Ich freue mich, dass es sogar in Berlin (und noch viel mehr in Düsseldorf) hervorragende asiatische Restaurants gibt, die möglichst authentische Gerichte anbieten. Ich bin begeistert, wenn ich im „Hot Spot" nicht nur großartiges Essen jenseits der „süß-sauer-scharf-Glutamat"-Schiene geboten bekomme, sondern auch eine sensationelle Auswahl von passenden, kompetent zu jedem Gericht empfohlenen deutschen Weinen für kaum nachvollziehbar wenig Geld. Danke, Mister Wu, dass du hierher gekommen bist, um uns wenigstens ein bisschen an eurer Kunst teilhaben zu lassen. Vielleicht komme ich ja irgendwann mal nach China, auch um dort köstlich zu essen. Und einen Tee dazu zu trinken.

Helden des Alltags I

Auf der Suche nach dem „Großen Wein“

Jeder Fußballfan will auch mal die ganz Großen des Gewerbes zu Gesicht bekommen. Als Steppke durfte ich die Dribbelkünste des Schalkers „Stan“ Libuda im Berliner Olympiastadion bewundern und hoffe, selbst im gesetzten Alter von 54 Jahren, vielleicht auch mal Cristiano Ronaldo in einer Arena zu sehen. Ich bin immer noch froh, dass ich Jimi Hendrix und Miles Davis ebenso live erleben konnte, wie Frank Castorfs großartige Volksbühnen-Inszenierung von Ibsens „Frau vom Meer“ (mit Henry Hübchen und Corinna Harfouch) oder Christos Reichtagsverhüllung. Ich habe Sir Eliot Gardiners faszinierende Bach-Interpretationen in der Leipziger Nikolaikirche gehört und die große Miro-Ausstellung im Museum of Modern Art in New York besucht. Und da ich mich seit vielen Jahren auch für Wein interessiere, strebe ich natürlich danach, einige der ganz großen Gewächse dieser Erde wenigstens ein Mal zu probieren.

Ich kann mich nicht beklagen. Obwohl nur ein ganz kleines Licht am Weinjournalistenfirmament, durfte ich an einer Verkostung von Trockenbeerenauslesen und Eisweinen des „Großen Rings“ (Mosel) ebenso teilnehmen, wie an einem Besuch der Domaine Hospice de Beaune und weiterer burgundischer Spitzenweingüter, oder an einer Vertikalprobe von zehn Jahrgängen des Opus One (Kalifornien). Ich war im Rahmen von Pressereisen bei führenden deutschen Riesling- und Spätburgunderproduzenten, habe elsässische Grand Cru-Güter abgeklappert und mich durch die burgenländische Blaufränkisch-Elite durchprobiert. Ich kenne die Weine der vermutlich besten portugiesischen Port- und Stillweinproduzenten und habe sensationelle „Vino die Tavola“ in der Toskana getrunken. Das klingt nach viel, ist aber bestenfalls ein kleiner Ausschnitt aus jener Welt, die gemeinhin mit dem Label „Große Weine“ versehen wird. Für mich gab es dabei sowohl erweckungsähnliche Erlebnisse, als auch herbe Enttäuschungen. Und je mehr „Spitzenweine“ ich probiere, desto ferner erscheint mir die Antwort auf die Frage: Was ist eigentlich ein „Großer Wein“?

In der offiziellen Weinwelt muss ein solcher mindestens 95 Parker-Punkte oder vergleichbare Dekorierungen aufweisen. In entsprechenden Anpreisungen werden ihm -- Mehrfachkennzeichnungen möglich – in der Regel „Intensität“, „Konzentration“, „Feinheit“ (selten), „Struktur“ oder „Fülle“ attestiert, gerne ergänzt durch Adjektive wie „ausgewogen“, „enorm“, „sensationell“, „unvergleichlich“, „filigran“ oder „mächtig“. Dazu kommen die gängigen Aromenzuordnungen.

Das klingt einigermaßen langweilig und schmeckt leider manchmal auch so. Für mich sollte ein „großer Wein“ ohnehin nicht in erster Linie meinem Erwartungsprofil entsprechen, sondern Überraschungen mit sich bringen, gerne auch Rätsel aufgeben. Er muss nicht perfekt sein (was ist das überhaupt?), sondern spannend. Gerne darf er noch mit sich ringen und dabei offen lassen, ob er es dereinst wirklich zu wahrer Größe bringen wird. Bestenfalls erzählt er seine ureigene Geschichte und erklärt dabei auch deutlich, wann und zu welchem Anlass er gerne getrunken werden würde. Auf alle Fälle sollte er ein ausgeprägter Individualist und Egomane sein, der nichts und niemanden neben sich duldet. Der in Kombination mit Speisen gekränkt auf intensive Würzung reagiert und prompt einiges von seiner Klasse einbüßt. Der seinen mitunter exorbitanten Preis in erster Linie weder seinem Kultstatus, noch seiner Seltenheit verdankt, sondern seiner herausragenden Qualität. Einer, den man nicht nur „verkosten", sondern trinken mag.

Für mich als regelmäßigem Weintrinker sind derartigen Tropfen nicht nur aus finanziellen Gründen äußerst selten Objekt der Begierde. Bei 99 Prozent aller von mir entkorkten und immer häufiger auch aufgeschraubten Flaschen suche ich nicht nach dem „Großen Wein an und für sich", sondern nach dem optimalen Frühjahrs-, Sommer-, Herbst- und Winter-Wein, dem für Brotzeit, Eintopf und Rinderbraten oder auch Austern, Garnelen und Granatapfelparfait. Ich will wissen, was ich für eine Gartenparty besorgen sollte und was für einen lauschigen Abend am Kamin. Und ich freue mich, wenn mir ein Wein mitteilt, dass ich ihn an einem Abend ganz alleine trinken soll und am besten noch eine Musikempfehlung mitliefert, denn welches edle Gewächs kann schon gleichermaßen genussvoll mit Bach und Schostakowitsch, oder mit John Coltrane und Carla Bley verzehrt werden.

In der gängigen Weinpublizistik wird man in dieser Richtung nur unbefriedigend fündig und wenn Weine regelrecht bewertet werden, überhaupt nicht. So scheint sich bei den meisten Fachjournalisten und Autoren, aber auch bei Marketing- und Werbeexperten noch nicht herumgesprochen zu haben, dass – vermutlich – auch in Deutschland ein wesentlicher Teil des Weines im Zusammenhang mit Essen verzehrt wird. Und wenn es denn Speiseempfehlungen gibt, zeichnen die sich oft durch Nullnummern wie „passt zu dunklem Fleisch", „zu Fisch und Meeresfrüchten" oder „Käse" aus. Vielleicht liegt es daran, dass die entsprechenden Autoren zu viel trinken und zu wenig (oder zu schlecht) essen. Einen Wein, der gleichermaßen gut zur herzhaften Rinderroulade, zum mit Knoblauch und Rosmarin gewürzten Lammkotelett und zur Hirschkeule mit Preisselbeeren passt, ist mir – egal ob groß oder klein – jedenfalls noch nicht untergekommen. Einer, der einen thailändischen Garnelentopf ähnlich geschmeidig begleitet wie ein gedünstetes Dorschfilet mit Kapernsauce, auch nicht. Und wer „Käse" für einen geeigneten Oberbegriff für mögliche Kombinationen mit Wein hält, der redet vermutlich auch von „asiatischer Küche".

Harte Daten zu Wein als Speisenbegleiter gibt es allerdings ausgerechnet im statistikversessenen Deutschland – anders als beispielsweise in der Schweiz, in Luxemburg und in Frankreich – leider nicht. Offenbar hatte – das mag verstehen, wer will – bislang niemand Interesse daran, entsprechende Erhebungen durchzuführen. Sowohl das Deutsche Weininstitut und die verschiedenen Weinbauverbände, aber auch die in derartigen Fragen sonst recht kompetente Gesellschaft für Konsumforschung (GfK) mussten bei entsprechenden Anfragen passen.

Doch kommen wir zurück zum „Großen Wein". Abgesehen von den mehr oder weniger subjektiven Einstufungen durch Verkostungskoryphäen und Marketingstrategen, gab und gibt es natürlich Versuche, objektive Maßstäbe zu entwickeln. Natürlich nicht im deutschen Weingesetz von 1971, welches bekanntlich dem Zweck dient, im Sinne der Großkellereien die Existenz von großen Lagen und somit auch großen Weinen in Abrede zu stellen und überhaupt durch unsinnige Kriterien und verwirrende Bezeichnungen die Qualität von Weinen zu verschleiern. Über die bekannten Schwächen der ausschließlich lagen- bzw. güterbezogenen Klassifizierungen „Großer Weine" möchte ich mich hier nicht weiter auslassen, auch die Irrflüge des stolzen Adlers des Verbandes der Deutschen Prädikatsweinwinzer (VDP) sollen in diesem Buch kein Thema sein. Nur so viel: Ein großer Wein kann nur von einer großen Lage kommen. Aber nicht jeder Tropfen von einer großen Lage ist auch ein großer Wein, und schon gar nicht in jedem Jahrgang.

Meine ganz persönlichen „großen Weine" sind ohnehin die Helden des Alltags. Von ihnen erwarte ich z.B., dass sie nicht vorgeben, etwas zu sein, was sie nicht sind, und dass sie ihre Herkunft nicht verleugnen oder verschleiern. Sie sollen eine Botschaft mit sich tragen: Trink mich dazu – oder dazu. Sie sollen selbstbewusst sein, bei manchen Gelegenheiten aber auch anpassungsfähig. Und sie sollen ein nachvollziehbares Preis-Leistungs-Verhältnis aufweisen.

Beispiele gefällig? Warum nicht: Es sind die – bereits erwähnten – Elblinge von Hein, Steinmetz oder Herber zu Austern für rund 4 Euro. Von Steinmetz auch noch Weißburgunder und Auxerrois zu Binnenfischen und Spargel. Zu meinen geliebten, in Koriander und Knoblauch marinierten, gegrillten Garnelen gibt es nichts besseres als den Traminer vom ungarischen Weingut des Horst Hummel (7 Euro). Und dessen

Kékfrankos Rosé (5,50) ist der Traumpartner für gegrillte Sardinen. Zu Lammkoteletts kommt in der Regel der Lemberger QbA (5,20) aus dem großen Holzfass vom Weingut Golter auf den Tisch. Wenn Zitronengras und/oder Ingwer und ein bisschen Chili im Spiel ist, drängen sich „halbtrockene" Riesling-Spätlesen von Melsheimer für rund 15 Euro auf. Und ständig stoße ich auf neue Sensationen für kleines Geld: Wunderbar klare Cabernets aus Südfrankreich zum Schwarzwurzelgratin (jawoll!), Spätburgunder von einigen Kaiserstühler Genossenschaften (z.B. Ihringen) zur Rehkeule, ein fassgereifter bulgarischer Mavrud zu Lamminnereien oder Wildschwein. Liter-Rieslinge, Fürstenfass oder von Steffens-Kess, für 3,50 bis 5,50 dürfen auf der Sommerterrasse nicht fehlen. Und natürlich darf es dort manchmal auch ein „Laubach-Schiefer" von Heymann-Löwenstein sein, vor allem wenn man sich in eher meditativer Stimmung befindet. Der schlägt dann mit durchaus nachvollziehbaren mehr als 20 Euro zu Buche, warum auch nicht.

Über diejenigen Megaweine, die ich mir alleine oder mit Freunden – selten genug – in besonderen Momenten gönne, werde ich nichts schreiben. Das tun schließlich andere zur Genüge.

Helden des Alltags II

Zu einer demokratischen Weinkultur gehören sowohl engagierte Winzer als auch nicht-elitäre Weinhändler

Eine demokratische Gesellschaft lebt nicht in erster Linie von hehren Programmen und markigen Reden, sondern von Protagonisten, die getreu dem alten linken Sponti-Motto „Nicht jammern und picheln – sondern hammern und sicheln" zu Werke gehen. Und schon im frühen 19. Jahrhundert beklagten ausgewiesene Demokraten wie der Dichter Heinrich Heine im damaligen Szene-Treffpunkt „Weinhaus Lutter & Wegner" am Berliner Gendarmenmarkt, dass sie es leid seien, „an absinthverklebten Tischen die Schlechtigkeit" der Verhältnisse zu bejammern, statt tatkräftig an ihrer Veränderung mitzuwirken. Was zumindest Heine auf seine Weise ja auch tat.

So ähnlich dachten wohl auch jene Moselwinzer aus Trabach und Umgebung, die sich vor einigen Jahren – in Anspielung auf die berühmteste Winzervereinigung der Region – zum „Klitzekleinen Ring" zusammenschlossen. Gejammert wird reichlich, nicht nur an der Mosel. Unter anderem über die schleichende Zerstörung der Kulturlandschaft durch den Verfall vieler Parzellen in Steil- und Steilstlagen, die aufgrund des immensen Arbeitsaufwandes und der unsicheren Vermarktungschancen von ihren Besitzern nicht mehr bewirtschaftet werden. Fast ein Drittel der Anbaufläche ist in den vergangenen Jahren auf diese Weise verschwunden. Das sieht nicht nur unschön aus, sondern erschwert auch die Bedingungen für die verbleibenden Winzer. Sind die Brachflächen erst von Unkraut und Hecken überwuchert, werden sie schnell zu Brutstätten für Schädlinge. Und während auf den maschinell zu bewirtschaftenden Flachwiesen Jahr für Jahr Unmengen Flüssigschrott herangezüchtet werden, liegen Parzellen mit ungeheurem Potenzial für allerfeinsten Riesling einfach brach.

Nun haben die sieben Voll- und drei Nebenerwerbswinzer des kk-Rings, darunter als prominente Flagschiffe auch Daniel Vollenweider und Torsten Melsheimer, in ihren Gütern bzw. auf ihren Arbeitsstellen genug zu tun. Doch wenn der Berg, bzw. dessen Rettung ruft, muss die Stechuhr eingemottet werden. Das Konzept der Bergretter ist denkbar einfach. Sie pachten Weinberge in Steilstlagen, deren Besitzer die Bewirtschaftung aufgegeben haben. Dann wird – in der Freizeit, versteht sich – rekultiviert, „umerzogen", gepflegt und schließlich geerntet und ausgebaut. Die Traktoren kann man dabei in der Garage stehen lassen, und ein gütiger EU- oder Landesfördertopf für eine Zahnradbahn ist nicht in Sicht. „Dafür sparen wir uns das Fitnessstudio und verfügen mittlerweile über eine ausgeprägte Wadenmuskulatur", beschreibt Melsheimer das Arbeitsumfeld in Lagen mit bis zu 70 Prozent Hangneigung.

Den Anfang machten 0,7 Hektar in der „Enkircher Ellergrub" mit größtenteils mehr als 50 Jahre alten Reben. Mittlerweile hat sich ein Winzer gefunden, der die Parzelle erwerben und bewirtschaften will, und „dann sind wir eben zur nächsten Hecke gezogen“ sagt Melsheimer. Momentan ist man auf 3000 Quadratmetern in der Lage „Trabener Zollturm“ zu Gange.

Draufzahlen wollen die Bergretter bei ihrer Aktion natürlich nicht, warum auch. Pro Jahrgang werden zwei Weine mit dem Label „Bergrettung“ abgefüllt; ein trockener bis feinherber Kabinett und eine edelsüße Spät-oder Auslese, die für Preise zwischen zwölf und 25 Euro pro Flasche verkauft werden. Dabei werde man nicht reich, aber auf dieser Grundlage sei das Unternehmen wirtschaftlich, betonen die Ring-Winzer, die sich für ihre Arbeit am Berg eine Art Stundenlohn auszahlen, der nach Melsheimers Angaben dem eines qualifizierten Weinbaugehilfen entspricht. Und genau das wollen sie schließlich beweisen: dass Steillagenweinbau in Handarbeit kein Verlustgeschäft sein muss, wenn es denn gelingt, das notwendige Preisniveau derartiger Weine zu kommunizieren – was allerdings das größte Problem ist, da ein „Normalwinzer“ wohl kaum eine derartige Medienpräsenz wie die eloquenten Bergretter erreichen würde. Natürlich sind derartige Parzellen auch nicht die Grundlage einer Vollexistenz, aber als Sahnehäubchen im Lagen-Portefeuille eines Weinbaubetriebes durchaus zu betreiben. Dem Anliegen des „Klitzekleinen Rings“ ist jedenfalls wenig hinzuzufügen: Man wolle „auf schmackhafte Weise einen weiteren Beitrag zum Erhalt einer der großartigsten Kulturlandschaften in der Welt des Weines leisten“.

Besagte Kommunikation der Preiswürdigkeit eines Weines können Winzer selten alleine leisten. Den Medien kommt zweifellos eine große Bedeutung zu, doch ihre Betrachtungen und Empfehlungen bleiben im wahrsten Sinne des Wortes recht trocken. Auch wird der Großteil der Weinkonsumenten von weinpublizistischen Ergüssen überhaupt nicht erreicht. So kommt dem Handel eine entscheidende Multiplikatorenrolle zu. Das gilt in erster Linie für den stationären Fachhandel, denn weder Weinversender noch Supermärkte oder gar Discounter können mit den Kunden ernsthaft kommunizieren.

Besonders gefordert sind dabei jene Händler, die – ähnlich wie die Bergretter in ihren Steilstlagen – dorthin gehen, wo es weh tut: In ein noch nicht durchgentrifiziertes Umfeld, wie es neudeutsch heißt, wo man bei der Stamm- und Laufkundschaft nicht so ohne weiteres mit einer hochpreisigen Parker-Galerie, sündhaft teuren Edel-Italienern oder berühmten Riesling-Pretiosen punkten kann. Auch Weinhändler können einen Beitrag zum Erhalt von Kulturlandschaften – nichts anderes ist ein gewachsener Wohnkiez – leisten. Denn wenn in den etwas dunkleren Ecken einer Großstadt die letzte anständige Kneipe, der letzte brauchbare Lebensmittelladen und eben auch das letzte Weingeschäft die Pforten geschlossen haben, wird sich der Prozess der „sozialen Entmischung" derartiger Viertel beschleunigen.

Ein guter Weinhändler muss besonders in solchen Gegenden Überzeugungstäter sein und seinen Beruf wie auch den Standort lieben. Er fragt den unentschlossenen Kunden zunächst, für welche Gelegenheit der Wein gedacht ist und wie viel er denn kosten darf, anstatt sofort massiv auf den Kauf eines margenträchtigen Edelgewächses zu drängen. Einen wenig begüterten Kunden, der einen anständigen Roten für 4,50 Euro sucht, berät er ohne Naserümpfen und genauso engagiert wie das Lehrerehepaar, das es zum zehnjährigen Bestehen seiner Lebensabschnittsgemeinschaft mal richtig krachen lassen will. Er lässt – natürlich im vertretbaren Rahmen – kosten, gibt Empfehlungen und versucht Kunden – unaufdringlich aber beharrlich – einige Grundkenntnisse zu vermitteln und Vorurteile abzubauen. Bestimmten Modetrends verweigert er sich und vertritt dies auch offensiv. Er strahlt Kompetenz aus und schafft Vertrauen, ohne devot herum zu scharwenzeln. Für Riesling-Freunde hat er z.B. sowohl blitzsaubere Literabfüllungen für wenig Geld als auch Steilstlagenweine im Angebot, deren Preis er gerne erklärt (und auch anders als bei gewissen Modeweinen nachvollziehbar erklären kann). Bestenfalls organisiert er – meistens nach Ladenschluss – ab und zu ein paar Präsentationen, die ebenfalls an der durchmischten Sozialstruktur orientiert sind. Wenn er das alles gut macht, wird er nicht nur sein – möglicherweise nicht allzu üppiges – Auskommen haben, sondern auch Befriedigung empfinden, einen kleinen, aber eminent wichtigen Beitrag für eine demokratische Weinkultur geleistet zu haben.

Ich habe in den 27 Jahren, die ich in einem weniger noblen Teil Berlin-Schönebergs lebte, mehrere solcher Händler kennen gelernt. Allerdings auch andere. Die z.B. penetrant darauf beharrten, dass es für eine Lammkeule nichts Trinkbares unter zehn Euro gäbe. Oder auf die Frage nach vernünftigen Sommerweinen in Literabfüllungen nur ein blasiertes „so etwas führen wir hier nicht“ herausbrachten. Die zwar Gewürztraminer aus dem Elsass führen, aber ausschließlich in der Grand-Cru-Liga. Und natürlich solche, bei denen deutsche Weine – bis sie vor einigen Jahren plötzlich ein bisschen in Mode kamen – nur in einer winzigen „Schmuddelecke“ zu finden waren. Wenn Branchenvertreter jammern, dass die Kunden in immer größeren Scharen zu Discountern und Supermärkten rennen und sich der Fachhandel im steilen Sinkflug befindet, sollten sie sich vielleicht auch mal fragen, welchen Anteil sie selbst daran haben. Aber lieber schiebt man ja alles auf die „Geiz ist geil“- Mentalität und die schwierige wirtschaftliche Lage, obwohl das nur die halbe Wahrheit ist. Ein Fachgeschäft, das sich außerstande sieht, anständige Weine auch im Preissegment von fünf bis acht Euro anzubieten hat seine Aufgabe jedenfalls gründlich missverstanden.

Panflöten und Computerterminals

Modernes Weinmarketing: Zwischen Gaga, geologischen Expertisen und Krypta-Sessions

„Und dann habe ich das Gefühl: Dieser Riesling braucht jetzt Jazz“. Wenn ein gelernter Winzer wie Gregor Meßmer Derartiges von sich gibt, kommt man ins Grübeln. Wenn man allerdings weiß, dass sein Bruder und Kompagnon Martin ein Diplom als Werbefachwirt hat, dann erschließt sich die Selbstdarstellung des (hervorragenden) Pfälzer Weinguts Meßmer in Burrweiler schon wesentlich besser. Denn wer im hart umkämpften Mittel- und Hochpreissegment um Kunden buhlt, muss sich etwas einfallen lassen. Gute oder sogar Spitzenweine reichen da schon lange nicht mehr. Punkten kann Meßmer mit der Mitgliedschaft im noblen Verband Deutscher Prädikatsweingüter (VDP) und einigen „Großen Gewächsen“. Zwei andere Label, die in einer bestimmten konsumfreudigen Szene ganz gut laufen, hat er allerdings nicht: Seine Weine sind nicht „bio“, geschweige denn „biodynamisch“. Aber immerhin werden sie nach Aussagen der Weingutsbetreiber beschallt, vorzugweise mit Klassik und zwar sowohl auf den Weinbergen als auch im Keller. Warum eigentlich nicht: Schließlich gibt es bislang keinerlei Hinweise, dass dezente Musik das Rebwachstum, die Traubenreife, die Gärung oder andere Prozesse negativ beeinflussen könnten. Bei wummernden Tekkno-Bässen mit 95 Dezibel würde das womöglich anders aussehen.

Immerhin verschonen uns die Gebrüder Meßmer mit geschlossenen esoterischen Weltbildern. Sie propagieren weder den Verzicht auf Schwefel zur Haltbarmachung noch die Aussaat von Traubenkernen zur „Auffrischung" der Rebbestände, wie es z.B. einige Biodynamiker tun. Auf ihrer Homepage ist lediglich die Rede von der wichtigen Rolle der „Menschen, die dem Ganzen Leben einhauchen und ihre Energie in die Erzeugung von Weinen stecken. Neben dem, was uns die Natur bereitstellt, ist es unserer Meinung nach genau die Art und Güte dieser Energie, die mit in die Weine fließt." Naja. Und fast hätte man es sich denken können: Bei Meßmers werden Weine nicht etwa einfach probiert. Vielmehr werden in einer Krypta „farbliche- und audiotone Konzepte umgesetzt, welche die Sensorik berühren und auch leicht verändern". Auch das geht noch unter harmlos durch, zumal z.B. Verkostungen in undurchsichtigen Gläsern tatsächlich ganz spannend sein können.

Eine ganz kleine Zornesfalte könnte allerdings entstehen, wenn behauptet wird, dass man in besagter Räumlichkeit „Terroir schmecken" könne. Und das mit der „Krypta" ist ohnehin leicht schräg. Darunter versteht man gemeinhin unter Chören bzw. Altären christlicher Kirchen gelegene Gruften oder Grabstätten; Räumlichkeiten, die man schwerlich mit entspanntem Weingenuss in Verbindung bringen kann. Eine Assoziation trifft jedoch ins Schwarze: Vor allem im Mittelalter wurden dort bevorzugt Märtyrer oder wenigstens ein paar Reliquien von ihnen untergebracht, um Pilger anzulocken. Schließlich kommt der Besuch eines hervorragenden VDP-Weingutes einer Pilgerfahrt ja schon ziemlich nahe. Doch wer weniger auf Zirkus, sondern einfach auf guten Wein steht, der kann bei Meßmers auf die wunderbare Probierstube mit Dachterrasse und phantastischem Panoramablick ausweichen.

Mit der Beschallung steht der Pfälzer Innovator wahrlich nicht alleine. Selbst bei ausgewiesenen Esoterik-Skeptikern wie Reinhard Heymann-Löwenstein ist in zugigen Teilen des Kellergewölbes das sphärische Säuseln von Panflöten zu hören. Andere lassen ein kleines Rinnsal entlang der Stahltanks plätschern. Obwohl der Klang von Panflöten – vor allem bei längerer Dauer – per se grenzwertig ist, lässt sich auch in diesem Fall annehmen, dass ein Schaden für Löwensteins spontanvergärende Rieslinge mit an Sicherheit grenzender Wahrscheinlichkeit auszuschließen ist. Das Gegenteil allerdings auch.

Es liegt mir allerdings fern, Meßmer und den Moselaner Löwenstein in einen Topf zu werfen, davon abgesehen, dass beide tolle Weine machen. Was bei Ersterem doch arg nach einem ziemlich perfekt und professionell durchgestylten Präsentations- und Marketingkonzept riecht, hat bei Löwenstein eine andere Dimension. Ich jedenfalls nehme dem marxistisch geschulten, philosophisch und historisch umfassend bewanderten Winzer ab, dass seine Exkurse über Geologie und Geschichte, Food-Design und Authentizität, Mythen, Märkte und Mächte mehr sind, als der Versuch einer verkaufsfördernden Selbststilisierung. Wobei ihm sein hart erkämpfter Ruf als deutscher Wein-Intellektueller, eloquenter Einzelkämpfer, Querdenker und Terroir-Papst auf dem Markt wohl kaum schadet, im Gegenteil: Er hat für sich ein solides Preisniveau durchgesetzt, und unter dem – bei ihm durchaus glaubwürdigen – „Terroir"- Label gehen auch einige nicht edelsüße, aber dennoch merkwürdig botrytische Weine glatt durch, die eigentlich Anlass zu Fragen über Lesezeitpunkt und Selektion sein könnten.

Doch es gibt natürlich auch noch die Hardcore-Fraktion. Und damit meine ich nicht Mal die Feng-Shui-Weinkellerbauer, Wünschelrutengänger oder mondphasengesteuerten Biodynamiker, die ja längst zum alternativen Mainstream gehören. Auch nicht jene Gurus, die einige hundert oder tausend Kilometer entfernte Weinkeller mit einer Mischung aus kosmischen Kräften und Computern „entstören". Vielmehr Produzenten wie die „Assoziazione Uropia" in Apulien, eine deutsch-italienische Landkommune. 2004 begegnete mir ein sehr angenehmes, fruchtbetontes, rotes Bio-Leichtgewicht (11,5% Alkohol) namens „La Petrosa" aus diesem Betrieb: Trocken, erdig, lebendig, frisch, ohne Holz, wunderbar im Sommer zu gegrillten Lammkoteletts mit Rosmarinkartoffeln und das für kleines Geld. Kurz gesagt: Ein rundum ehrlicher, sympathischer Wein.

Doch das Infomaterial des Betriebs, dessen Erzeugnisse in Berlin entweder über einen „Frank" oder in einigen einschlägigen Kreuzberger Szeneläden erhältlich waren, hatte es in sich. Der interessierte Weinfreund erfuhr, dass zwar „Rolf" und „Anja" nach wie vor am Ball sind, sich aber „vor kurzem Antonella, Beppe, Nicola und Karina nach lang andauernden Reflektionen entschlossen haben, die Kommune zu verlassen". Dadurch fehlten sowohl „bestimmte Farben im sozialen und emotionalen Leben" als auch „Arbeitsbereitschaft" und „ein Lachen". Immerhin habe „Lele die Probezeit beendet und ist nun Kommunardin". Um in dieser schwierigen Situation mehr Zeit für „intensiven sozialen Austausch" zu haben, werde man den „Kreis der GästInnen“ in der Kommune zeitweilig etwas einschränken. Man müsse schließlich „den gesamten Haushalt auf Modifikationen abklopfen“, sei aber natürlich nach wie vor auf „energetische Unterstützung“ der Freunde der Kommune angewiesen.

Das klingt ein bisschen gaga. Doch solange „Rolf“, „Anja“, sowie endlich auch „Lele“, die bisherige „LangzeitgästIn“ Carlotta und die vielen anderen Kommunarden außer ihrem „intensiven sozialen Austausch“ auch einen guten Wein aus Negroamaro und Lambrusco herstellen, ist mir das ziemlich egal, zumal „Frank“ unsere Sammelbestellung für auf Grund meiner Besprechung interessierte Leser auch postwendend in der Redaktion anlieferte.

Wesentlich größere Probleme habe ich dagegen mit jenen Kellermeistern, welche – die leider gerade bei Journalistenreisen stets unvermeidlichen – Kellerführungen dazu nutzen, mit glänzenden Augen über schwerkraftimitierende Hydraulikpumpen, programmierte Kühlschlangen, computergesteuerte Sauerstoffzufuhr, Analyseprogramme für die Kaltmazeration und Sensortechnik für die Gärungskontrolle zu referieren. Suspekt sind mir auch deutsche Produzenten, die einem voller Stolz erklären, dass es ihnen nach langjährigen Experimenten mit dem Toastungsgrad ihrer Barrique-Fässer endlich gelungen sei, Burgunder im „internationalen Stil“ zu fabrizieren. Oder Winzer, die auch den garstigsten Wein mit dem Argument verteidigen, dass „der Kunde“ dieses Produkt durchaus goutiere, was ja leider auch stimmt.

Nach solchen Vorträgen von weinproduzierenden High-Tech-Freaks und gewieften Marktanalytikern sehne ich mich dann doch nach Meßmers

Krypta, Löwensteins Panflöten und den „bestimmten Farben im sozialen und emotionalen Leben" der Assoziazione Uropia. Und nach jenen Winzern, die lediglich vermitteln, dass sie ihre Weinberge, ihr Dorf und ihren Beruf lieben und in erster Linie Weine produzieren wollen, die ihnen auch selber schmecken. Doch es ist wohl einigermaßen vermessen, bei Weinbauern höhere moralische und ethische Kriterien anlegen zu wollen, als bei Bankern, Journalisten, Ärzten oder Politikern. „Ob ich ein guter Winzer bin, sagt mir jedes Jahr mein Steuerberater und mein Kontostand", bekam ich mal auf einer Geburtstagsparty von Harald Steffens in Reil zu hören (natürlich nicht von ihm). Ich sehe das anders. Aber ich bin ja auch kein Winzer.

Fatwas bleiben in Kraft

Pseudo-Prosecco, Federweißer und Beaujolais Primeur: Drei Geißeln der Menschheit

Als ich 1999 begann meinen gerade erst bezogenen journalistischen Käfig als Politikredakteur nicht nur in Richtung Musik, sondern auch in Richtung Wein temporär zu verlassen, konnte ich mich (Wein betreffend) auf wenig mehr, als auf einigermaßen reflektierte Trinkgewohnheiten und einige recht verfestigte Vorurteile stützen. In einer ohnehin partiell recht dogmatischen Zeitung wie der „Jungen Welt" fiel das nicht weiter unangenehm auf. An einige Elemente meiner damaligen „Weinphilosophie" erinnere ich mich mittlerweile mit altersweisem Schmunzeln. Weine mit mehr als sechs Gramm Restzucker wurden von mir ,abgesehen von edelsüßen Spezialitäten, mehr oder weniger pauschal als untrinkbar klassifiziert – eine Spätfolge schlimmer Erfahrungen mit einfachen Süßweinen. Bestimmte Rebsorten – besonders Dornfelder und Müller-Thurgau – hätte ich am liebsten mittels militanter „Feldbefreiungsaktionen" aus der deutschen Weinkultur getilgt. Die Zulassung von „Weltweinen" wie Cabernet Sauvignon, Chardonnay, Merlot oder Sauvignon Blanc für den hiesigen Anbau war für mich der Beweis, dass das Bundessortenamt von Globalisierungskriminellen unterwandert und Teile der deutschen Winzerschaft geldgierig, kurzsichtig und verblödet waren. Und für den Einsatz von neuen Barrique-Fässern beim Ausbau von Weißweinen hätte ich gerne Berufsverbote oder in besonders schweren Fällen auch langjährige Gefängnisstrafen verhängt.

Die Liste ließe sich noch ellenlang fortführen. Doch es gilt: „Alles verändert sich, wenn du es veränderst" (Ton Steine Scherben) bzw. „Nur wer sich verändert, bleibt sich treu" (Wolf Biermann). Einige meiner Wein-Fatwas habe ich komplett verworfen, andere stark modifiziert. So bin ich zwar noch immer der Meinung, dass der 1955 in Weinsberg als „Deckwein" gezüchtete Dornfelder eine Sorte ist, die die Welt nicht braucht und die meistens scheußlich schmeckt. Doch trotz starker innerer Widerstände gebe ich mittlerweile zu, dass es einigen Winzern, sei es in der Pfalz oder auch in Thüringen, gelingt, aus der Frankenstein-Traube richtig ordentliches Zeug zu machen. Längst sind mir auch ausgesprochen angenehme, frische Müller-Thurgau/Rivaner mit knackiger Säure und einem dezenten Muskatton durch die Kehle geflossen, die z.B. sehr gut zu Spargel passten. Das sind allerdings nach wie vor Ausnahmen.

Komplett überwunden habe ich meine Restzuckerphobie, weil ich gelernt habe, dass der absolute Wert ohnehin kaum etwas über den Geschmackscharakter aussagt. Begriffe wie „halbtrocken" oder „feinherb" empfinde ich zwar immer noch als Zumutung, was unter diesem weingesetzlichen Label angeboten wird, teilweise aber durchaus als sensationell, z.B. zu etwas schärfer gewürzten Speisen. Und wenn ich einen Sauvignon Blanc von Aldinger, einen Chardonnay von Dautel oder einen im großen Holz gereiften Merlot vom Weingut Schneider (Mosel!) trinke, fallen mir keine guten Gründe mehr ein, den Anbau dieser Sorten in Deutschland per se zu verdammen.

Allerdings gibt es einige „Vorurteile", die ich voller Begeisterung weiterhin öffentlich hege und pflege. Dazu gehört meine Abneigung gegen drei besonders in Deutschland hochgeschätzte Getränke: „Perlwein", „Beaujolais Primeur" und „Federweißer". Während es sich bei den beiden Letztgenannten wenigstens nur um saisonale Geschmacksverbrechen handelt, verfolgt einen die Perlwein-Seuche auf Schritt und Tritt. Nachdem findige Geschäftsleute Anfang der 90er entdeckt hatten, dass sich in Deutschland unter der – meistens grob irreführenden – Bezeichnung „Prosecco" jeglicher mit Kohlensäure versetzter Traubenmüll als Inbegriff mediterranen Lebensgefühls vermarkten lässt, gab es kein Halten mehr. Egal ob Discounter oder Feinkostgeschäft, Szene-Bar oder Bölkstoff-Tankstelle, Galerieeröffnung oder Ü-40-Party: Es gibt in diesem Land so gut wie keine Prosecco-freien Zonen mehr. Doch Ende 2010 ist hoffentlich Schluss mit lustig. Denn dann läuft die Übergangsfrist aus, in der allerlei Imitate noch als Prosecco verkauft werden dürfen. Die Italiener haben im August 2009 durch die Einführung von Schutzbezeichnungen (DOC bzw. DOCG) für die Regionen, in denen Prosecco hergestellt und abgefüllt werden darf, die Notbremse gezogen. Die hässlichen blauen Flaschen sind leider erst ab 2016 verboten, Prosecco in Dosen immerhin wesentlich früher. Und vieles, was heute noch als vorsätzliche Verbrauchertäuschung Getränkekarten und Werbeflyer ziert, darf dann nur noch mit so unerotischen Bezeichnungen wie „Glera Vino Frizzante Veneto IGT" vermarktet werden. Ob das die Freude der Deutschen an inferiorem Britzelwasser zu trüben vermag, bleibt abzuwarten. Natürlich versucht auch die deutsche Weinwirtschaft auf den Britzelwasser-Zug aufzuspringen. Ihr Marketingdachverband, das Deutsche Weininstitut, faselt seit Jahren vom „Geschmack der unkomplizierten Genießergeneration« oder vom „jungem, modernen Genuss“ der „süffig nach Sommer“ schmecke. Und die Winzer – auch seriöse, renommierte Betriebe – machen fröhlich mit. Mit Namen wie „Riessecco“, „Seccolino“, „Leichtsinn“ oder „Sonnenschein“ soll das Zeug an den Mann, aber vor allem an die Frau gebracht werden. Trocken, versteht sich, was bei Perlweinen laut deutschem Weingesetz eine imposante Restzuckermenge von bis zu 35 Gramm ermöglicht.

Wenn auf spätsommerlichen Gartenfesten noch die Prosecco-Gläser klirren, ist schon die nächste Seuche im Anmarsch. Unter der Bezeichnung „Federweißer“ wird in Gärung befindlicher Traubenmost, auf den Markt geworfen. Traditionell wurde damit in Winzerorten die beendete Weinlese gefeiert, doch mittlerweile werden weitgehend geschmacklose, aber sehr zuckerhaltige Rebsorten speziell für die Federweißer-Saison angebaut. Und da man es mittlerweile geschafft hat, Millionen von Deutschen einzureden, dass der „Genuss“ von halbvergorenen Most nebst seiner Hefepopulation trotz der unweigerlich folgenden Kopfschmerzen und Durchfallattacken so eine Art Kulturgut ist, wird die Nachfrage auch mit Billigmaterial aus Südosteuropa befriedigt. Aber zu Menschen, die sogar Reisen unternehmen, um sich in „uriger“ oder „weinromantischer“ Atmosphäre dieses Zeug einzuflößen und dazu noch pappige Teigfladen zu vertilgen, die unverschämterweise unter Namen wie Zwiebelkuchen oder gar „Quiche“ angeboten werden, fällt mir wirklich nichts mehr ein.

Doch kaum sind die Magenverstimmungen kuriert und die letzten Federweißer-Rülpser verklungen, kündigen frankophil gestylte Plakate und

Tischkärtchen die nächste Katastrophe an: „Voila, Le Beaujolais Primeur est arrivé«. Der Primeur und seine unter »Novello« „Nuevo" oder „early" firmierenden Trittbrettfahrer aus Italien, Spanien, Südafrika und inzwischen auch Deutschland sind zwar durchgegoren, aber dennoch keine wirklichen Weine. Durch Vergärung im Schnellgang (vier Tage) nebst reichlich Kohlensäurezufuhr und Erhitzung enthalten sie weder typische Aromen noch Tannine, dafür aber oft jede Menge scharfer Zitrusnoten und Bitterstoffe. Oft schmecken sie vordergründig nach unreifer Banane und Schwefel, und schon nach wenigen Wochen Lagerung kommt ein furchtbarer Essigstich dazu. Nach dem Verzehr sind die Kopfschmerzen fast so schlimm, wie beim Federweißen.

Seit 1951 gibt es diesen Unfug. Dafür änderten die ansonsten in Genussfragen recht traditionsbewussten Gallier 1951 sogar ihr Weinrecht und erlaubten den Winzern des Beaujolais, ihren neuen Wein schon ab dem dritten Novemberdonnerstag des Lesejahres in den Handel zu bringen. Dass damit der Ruf dieser Weinregion nachhaltig ruiniert wurde, hat man offenbar in Kauf genommen. Zur Kompensation des Imageverlustes gab es ja immerhin Millionen bekloppter Japaner, Deutscher, US-Amerikaner, Briten und Skandinavier (so die Reihenfolge der Hauptabnahmeländer), die Jahr für Jahr bis zu 50 Millionen Liter dieser Plörre in sich reingossen. Doch allmählich scheint der Lack ab zu sein. Erstaunlicherweise wollen ausgerechnet die Deutschen, denen man anscheinend ja fast alles schmackhaft machen kann, dieses Zeug nicht mehr trinken. Wurden 1998 hierzulande noch über 11 Millionen Flaschen abgesetzt, was fast 20 Prozent der gesamten Exportmenge entsprach, waren es zehn Jahre später nur noch 1,7 Millionen. Selbst Wein-Marktführer Aldi ist mittlerweile aus der Primeur-Vermarktung ausgestiegen.

Ein Hoffnungszeichen für Fortschritte in der Genusskultur? Nicht wirklich. Denn längst werden neue Grausamkeiten in Stellung gebracht, besonders in Schwaben. So bietet die Genossenschaft Heuchelberg Weingärtner eG seit einiger Zeit erfolgreich ein „aromatisiertes weinhaltiges Getränk" unter dem Namen „Das süße Leben" als „neue Art, Trollinger zu trinken" an. Das VDP-Gut (!) in Weinsberg ist mit einer Mischung aus Traminer, Lemberger und Johannisbeersaft mit dem Namen „Looping" am Start. Und eine eher weinferne TSAG OHG bietet eine Cuvée aus Dornfelder und Cola namens „Kalte Muschi" an, bei dem es sich laut Lebensmittelzeitung um „das offizielle Kaltgetränk des FC St.Pauli" handelt. Immerhin findet Dornfelder auf diesem Weg zu einer angemessenen Verwertung.

Grand Crus auf den Barrikaden

Ohne Genussfähigkeit wird es keine soziale Umwälzung geben

Nicht nur an deutschen Universitäten wird regelmäßig protestiert; gegen schlechte Studienbedingungen, mangelnde Berufsperspektiven, Studiengebühren oder weiß der Teufel was. Auch im traditionell rebellionsfreudigen Frankreich gehen Studenten regelmäßig auf die Straße, besetzen Hörsäle oder belagern Parteizentralen, und das meistens etwas heftiger als im Nachbarland.

Doch Letzteres ist beileibe nicht der einzige Unterschied in der jeweiligen Protestkultur. So kann man in Deutschland höchstens damit rechnen, dass die protestierenden Studenten in besetzten Unigebäuden eine „vegane Volxküche" auf die Beine stellen. An den Info- und Soliständen gibt es, falls auf einer der obligatorischen basisdemokratischen Vollversammlungen kein generelles Alkoholverbot beschlossen wurde, bestenfalls schlechtes Bier und inferioren Wein. Viel mehr als Punk, House oder Techno ist bei regenerativen Besetzer-Partys auch nicht zu erwarten. Manchmal droht sogar selbstverfasstes Protestliedgut.

Dementsprechend hoch schlug das Herz eines jeden Freundes demokratischer Genusskultur, als er im Herbst 2008 lesen konnte, dass Studenten der altehrwürdigen Pariser Sorbonne nicht nur ihre Universität besetzt hatten, sondern bei dieser Gelegenheit auch den Weinkeller des Uni-Präsidenten knackten, einen sympathisierenden Pianisten einluden und sich mit guten Getränken und einem gepflegten Chopin-Programm einen schönen Abend im altehrwürdigen Hauptgebäude der legendären Bildungsstätte machten.

Auch Arbeiter wissen in Frankreich und einigen anderen etwas südlicher gelegenen Ländern anständig zu feiern. Wer mal eine Mai-Feier bretonischer Sozialisten erlebt hat, wird sich angenehm an die frischen Austern, die exzellenten Langostinos mit Knoblauchmayonnaise und den dazu gereichten „Gros Plant" erinnern, und auch bei den Festen portugiesischer Kommunisten scheint es nie an gegrillten Fischen, tollen Bacalhau-Gerichten und anständigem Wein zu mangeln.

Und in Deutschland? Der Besuch von „Mai-Festen" des DGB verbietet sich nicht nur aufgrund der langweiligen Reden, sondern auch wegen der unerträglichen Geruchsbelästigung durch altes Frittenfett und angekokelte Bratwürste. Dazu kommt dann noch möglichst mieses Bier aus Plastik- oder Pappbechern. Selbst den Kreuzberger Autonomen nebst extra angereisten Erlebnistouristen fällt bei ihren jährlichen Randalefestspielen am 1. Mai oftmals nichts besseres ein, als nachts irgendwelche Billig-Supermärkte zu entglasen, um anschließend palettenweise „Sternburg-Pils" oder ähnlich schlimme Flüssigkeiten, sowie Kartoffelchips palettenweise ins Freie zu tragen, statt im Vorfeld mit einer gut geplanten Kommandoaktion ausreichende Mengen Gänsestopfleber und Veuve Clicquot aus dem KaDeWe zu besorgen. Wahrscheinlich haben die auch Dario Fos Hymne auf die direkte Umverteilung („Bezahlt wird nicht") weder gelesen, noch im Theater gesehen.

Das Strickmuster ist einfach: Gutes Essen und Trinken = bourgeois und „Herrschende Klasse"; schlechtes = proletarisch bzw. revolutionär. Dabei macht doch jede Revolte nur Sinn, wenn sie bessere Lebensverhältnisse für Alle zum Ziel hat und dieses Ideal in der Phase des Kampfes bereits antizipiert. Proletarisches Bewusstsein heißt – wenn man die gängigen Denunziationen dieses Begriffs mal ausklammert – zu wissen, dass man einer Gruppe (von mir aus auch Klasse) angehört, die durch ihre Arbeit den gesellschaftlichen Reichtum schafft, denn bekanntlich lassen sich durch die Vermehrung von Geldscheinen keine realen Werte schaffen, sondern lediglich Umverteilungen realisieren. Und es heißt, einen angemessenen Anteil an diesem Reichtum einzufordern, sowohl als gesellschaftliche Norm, wie auch individuell. Stattdessen bescheidet man sich in linken Kreisen zumeist mit „proletarischen" Bierpappbechern und Bratwürsten. Da ist ein Mensch wie der Schlagersänger Frank Zander, der jährlich ein großes Gänseessen für Obdachlose in einem großen Berliner Hotel organisiert, um Längen „revolutionärer" als so mancher „Sozialaktivist".

Doch es geht noch absurder. Ausgerechnet die Top-Verdiener vom „Spiegel" widmeten der bekennenden Sozialistin, früheren EU- und jetzigen Bundestagsabgeordneten der Linken, Sahra Wagenknecht, einen hämischen Artikel, als diese in Brüssel beim Verspeisen eines Hummers „erwischt" wurde und prangerten ihre „Unglaubwürdigkeit" an. Aber warum bitte soll Frau Wagenknecht keinen Hummer essen? Sind die

Brandreden der gut verdienenden Politikerin gegen Hartz IV und für eine Vermögenssteuer deswegen nicht mehr Ernst zu nehmen? Ist sie wegen ihres Brüsseler Restaurantbesuches unglaubwürdiger als ein Ex-Bundeskanzler, der sich öffentlich gerne als Saumagenverzehrer und Freund einfacher pfälzischer Landweine zelebrieren ließ, aber aus seiner Verantwortung für millionenschwere Parteispendenskandale mit Erinnerungslücken („Blackout") und „Ehrenworten" herauszumogeln vermochte? Oder als ein kürzlich verstorbener Ex-Finanzminister, der rechtskräftig wegen Steuerhinterziehung verurteilt wurde?

So genannte Linke, die sich dem Genuss verweigern, können mir mal. Sie sind auch politisch nicht ganz ungefährlich, wenn sie beispielsweise unter (berechtigtem) Verweis auf soziale Disparitäten in bestimmten Städten gegen die öffentliche Förderung von Opernhäusern und Sinfonieorchestern oder den Bau von Konzerthallen zu Felde ziehen.

In diesem Sinne geht mir auch die deutsche Variante des „Kampftages der Arbeiterklasse" am 1. Mai meilenweit am Allerwertesten vorbei. Ich brauche keinen gesetzlichen Feiertag, um mich für die Rechte der Marginalisierten – sei es als Journalist oder in Form direkten Engagements – einzusetzen. Und „proletarische" Bratwürste brauche ich ebenso wenig wie volksverbundenes Schrottbier. Für mich ist der 1. Mai daher seit Jahren mein persönlicher „Kampftag" des Spargelschälers. Schließlich müssen ein paar Kilo des edlen Gemüses kochfertig vorbereitet und die Schalen für den Sud ausgekocht werden, wenn ich für den Nachmittag einige Freunde und Bekannte in mein Wandlitzer Domizil eingeladen habe. Und bei den Küchenarbeiten höre ich auch kein „proletarisches" Liedgut, sondern eher dezente Meisterwerke aus feudalen Epochen

(Bachs „Französische Suiten", gespielt von Glenn Gould, sind der Hammer zum Spargelschälen!) oder coolen Jazz. Die Freunde bringen dann einen Salat mit, ein Dessert, ein bisschen Rohmilchkäse oder ein paar Flaschen angemessenen Riesling und Weißburgunder (Elbling habe ich ohnehin immer im Haus). Falls ich mal wieder knapp bei Kasse sein sollte, wird für den Spargel eine kleine Umlage veranstaltet. Und wer keine Kohle hat, bringt eben nichts mit, zahlt auch nichts und ist dennoch herzlich willkommen. Am Tisch sitzen dann möglicherweise ein abgesicherter Beamter, ein Hartz IV-Empfänger, ein Erbe, ein Niedriglöhner, ein prekärer Scheinselbstständiger, ein Gutverdiener und meine Wenigkeit – und allen schmecken an diesem 1. Mai die Bio-Frühkartoffeln, der Beelitzer Spargel, der Gurkensalat und der Wein.

Um Missverständnissen vorzubeugen: Ich bin der Letzte, der etwas gegen ein gepflegtes Bier in einer gemütlichen Eckkneipe einzuwenden hat. Wenn ich mich in Berlin aufhalte, gehören das gegenüber meiner Wohnung im „Problemkiez" Moabit-West gelegene Etablissement „Zum Stammtisch" (dort gibt es im Winter manchmal sogar Pferderouladen oder hausgepöckeltes Eisbein mit Erbsenpüree), sowie das „Keglerheim" in Kreuzberg zu meinen bevorzugten Orten gelegentlich notwendiger aushäusiger Entspannung. Da bekomme ich von freundlichen und kompetenten Gastwirten ein gut gezapftes großes Pils für zwei Euro, kann entweder ungestört vor mich hin sinnieren, mit Freunden und Bekannten bierselige Gespräche führen oder in den Alltag der dort verkehrenden „gewöhnlichen" Menschen eintauchen. Man bekommt spannende Geschichten, aber auch viel schräges Zeug zu Gehör, vor allem politisch. Gerne zeige ich Flagge und streite mich ein wenig, was in der Regel ohne unangenehme Eskalation verläuft. Außerdem darf ich dort rauchen!

Auch das ist für mich demokratische Genusskultur. Aber eben nur eine Facette. Frau Wagenknecht soll in Brüssel ohne hämische Kommentare Hummer essen können und ich meine Austern, Garnelen und den Belitzer Spargel. Wenn der IG-BAU-Vertrauensmann oder der IG-Metall-Betriebsrat auf Pappbecherbier stehen, bitte sehr! Doch ich sehe mich nicht als „Verräter" mit „bourgeoisen Allüren", wenn ich in der Regel solide oder manchmal auch richtig edle Weine bevorzuge. Der (meist aus Schwaben stammende) Kreuzberger Autonome darf auch gerne Punk hören und vergöttern, solange er nichts dagegen hat, dass andere Linke mehr auf barocker Kirchenmusik, Sinfonien des 20. Jahrhunderts und Miles Davis stehen. Eine vermeintlich fortschrittliche Bewegung, die dies negiert, wird mich jedenfalls in den Reihen ihrer erbitterten Gegner finden.

Recht auf Rausch

„Muss man Wein eigentlich immer genießen? Oder darf man ihn auch einfach nur trinken“ (Wiglaf Droste)

Bei Wein ist alles anders. Seine Konsumenten gelten gemeinhin als einigermaßen kultiviert und somit weit erhaben über den gemeinen Bier- oder Schnapstrinker. Während über „Biermeilen“ stets mit Hinweis auf „Gruppen stark alkoholisierter Besucher“ berichtet wird, gehen „Schlenderweinproben“ in den Hauptstadtvertretungen der weinanbauenden Bundesländer oder noch elitärere Empfänge stets als gediegene gesellschaftliche Ereignisse durch – obwohl dort nicht weniger gesoffen wird. Wenn über Wein geschrieben wird, ist meistens von „verkosten“ die Rede, fast nie von trinken. Berge von Büchern befassen sich mit der richtigen Probiertechnik: Schütteln, riechen, im Mund verteilen, schlürfen und – selbstverständlich – ausspucken. Weintouren werden ab einer bestimmten Preisklasse gerne als „Studienreisen“ angepriesen.

Wer bei der Suchmaschine Google die Stichworte „Wein“ und „Gesundheit“ eingibt, bekommt unzählige Einträge serviert. Da kann man dann u.a. lesen: „Der mäßige Genuss von Rebensaft unterstützt zahlreiche Körperfunktionen, ist ein Alterselixier und Anti-Stressmittel. Wein macht schöne Stunden noch schöner, ein gutes Essen noch besser und ein interessantes Gespräch noch interessanter – das wissen alle, die zu seinen Freunden gehören". Wein steigere ferner „das körperliche Wohlbefinden, und im Zuge des ständig steigenden Gesundheitsbewusstseins der Konsumenten gewinnt diese Tatsache, eigentlich schon seit Jahrtausenden bekannt, zunehmend an Bedeutung." Auch hätten „zahlreiche Mediziner übereinstimmend festgestellt, dass mäßiger, aber regelmäßiger Weingenuss geeignet ist, das Leben zu verlängern." Eine andere Webseite verrät: „An Herz und Kreislauf bewirkt mäßiger Weingenuss eine vom Arzt oft angestrebte Erweiterung der Gefäße und somit bessere Durchblutungsverhältnisse. Vorsichtig dosiert wird Wein sogar bei der Infarktbehandlung eingesetzt. Menschen mit niedrigem Blutdruck fühlen sich nach einem Glas Wein deutlich wohler. Auch bei Blutdruckerhöhung ist ein kleines Quantum leichten Weines meist ungefährlich. Die Beschwerden von vegetativ labilen und wetterfühligen Patienten werden häufig durch ein wenig Wein gründlicher beseitigt als durch Medikamente."

Weinjournalisten, also in Wirklichkeit Fachautoren für Gesundheitsberatung, gehen daher auch mitnichten zu heftigen Gelagen, sondern nehmen an „Präsentationen" oder „Informationsreisen" teil. Winzer pflegen ihre Weine keineswegs zu trinken, sondern zu „beobachten". Massenevents rund um den Wein heißen in der Regel „Messen". Fast noch schöner ist der Name für eine der heftigsten Flatrate-Partys, die ich kenne: Auf den im November in mehreren deutschen Großstädten veranstalteten „Baden-Württemberg-Classics" kann man für 15 Euro einen ganz Tag lang trinken, soviel man will: Sekt, Wein und auch Trester. Journalisten zahlen natürlich nichts. Auf reinen Fachbesucher-Veranstaltungen wie der dreitägigen Düsseldorfer „ProWein" geht es zwar etwas gesitteter zu, aber wirklich nur etwas.

Statt sich leicht verklemmt hinter „Genuss", „Geselligkeit" oder gar „Gesundheit" zu verschanzen, sollte man klipp und klar sagen: Ich trinke Wein, weil er mir schmeckt, aber auch, weil er mir einen angenehmen Rausch verschafft. Schließlich handelt es sich um ein Getränk, das nicht geringe Mengen Alkohol enthält, wobei es sich um ein Nervengift, bzw. eine Droge handelt, welche erheblich auf Hirn- und Körperfunktionen einwirkt. In wissenschaftlichen Beschreibungen finden sich Rausch-Skalen von „enthemmender Wirkung mit Steigerung der Redseligkeit" (0,3 Promille Alkohol im Blut) bis hin zu „starken Koordinations- und Gleichgewichtsstörungen, lallende Aussprache" (ab 1,5 Promille). Wie viele Promille man sich und anderen eingeschenkt hat, lässt sich anhand der Widmark-Formel errechnen. Dafür ein Fallbeispiel: Wenn sich Herr Mustermann mit seinen 80 Kilo Körpergewicht innerhalb von drei Stunden eine Flasche (0,75l) mittelschweren Rotwein gönnt, hat er anschließend etwas mehr als ein Promille Alkohol im Blut. Und damit definitiv einen gewissen Rauschzustand erreicht. Das gilt sogar – in leicht abgeschwächter Form – wenn er sich mit einer halben Flasche bescheidet.

Wer sich bei dieser Form der „Vergiftung" wohl fühlt, dem sei es gegönnt. Schließlich kann ein dezenter Rausch ein äußerst angenehmer Zustand sein und wird nicht umsonst seit Jahrtausenden als unverzichtbarer Bestandteil der Alltagskultur akzeptiert und in der Literatur gepriesen. Was ist dagegen zu sagen, ein wenig redseliger zu sein, oder beschwingte Gedanken zu entwickeln. Ich habe einige meiner besten Artikel mit einem Glas Wein neben der Tastatur geschrieben, habe unter Alkoholeinfluss Kinderlieder komponiert und getextet oder Rock-Riffs auf der Gitarre kreiert. In Krisensituationen habe ich stets vermieden, mich „zuzudröhnen", doch ein guter Wein – nicht selten begleitet von adäquater Musik – hat mir oft geholfen, einen

– was für ein Wortspiel! – klaren Kopf zu bekommen. Ich trinke sehr regelmäßig Wein – manchmal nur ein Glas, manchmal eine ganze Flasche – und weiß, dass dies ein ziemlich schmaler Grat ist, weil natürlich Absturzgefahr besteht. Natürlich kann die dauerhafte, übermäßige Verabreichung von Alkohol schwere Krankheiten und psychische Deformationen nach sich ziehen. Und natürlich ist es Quatsch, dass Weintrinker per se weniger gefährdet seien, Alkoholiker zu werden: Jeder Deutsche, vom Säugling bis zum hochbetagten Greis, vom gediegenen Connaisseur bis zum Hardcore-Alki, nimmt pro Jahr rund 1,9 Liter reinen Alkohol in Form von Spirituosen zu sich – aber fast drei Liter in Wein und Sekt verpackt.

Nach dem Wort Rausch oder gar dessen positiver Bewertung sucht man in der „seriösen" Weinpublizistik in der Regel vergebens, und wer die Branche kennt, weiß, wie bigott das ist. Protestantismus und Preußentum haben jedenfalls ganze Arbeit geleistet, und so löste es ein mittleres Erdbeben aus, als der frühere Richter und heutige Bundestagsabgeordnete der Linken, Wolfgang Neskowic, 1992 in einem Urteil ein „Recht auf Rausch" proklamierte, welches sich seinerzeit auf die im Gegensatz zu Wein illegale Droge Haschisch bezog.

Doch noch heute wird lieber spaltenlang über „barocke Fülle", „Geschmackssinfonien" oder „animalische Noten vom nassen Damensattel" im Wein gefaselt, statt einfach mal abschließend zu schreiben: „Der geht runter wie Öl and makes me feel good".

Künstler sind da mitunter etwas offenherziger. Wie z.B. der Songpoet Leonard Cohen, der früher nach eigenem Bekunden nie ohne einen „Chateau

Latour"-Vorrat auf Tournee ging und dem „Rolling Stone" dazu folgendes erzählte: „Das ist komisch beim Wein, die Kenner reden über den Geschmack und das Bouquet und ob er Beine hat und die Tannine und die Fruchtigkeit und die Symphonie der Aromen, aber keiner redet über den Rausch. In Bordeaux haben die Winzer 1.000 Jahre gebastelt. Jeder Wein produziert seinen eigenen Rausch, der aber niemals erwähnt wird. Ich weiß nicht, wie ich auf den Latour gekommen bin, aber er passte zur Musik. Nach der Tour kriegte ich ihn nicht mehr runter. Er schmeckte nach gar nichts mehr. Es fehlte das Adrenalin der Situation, die Musik und diese Atmosphäre". Das nenne ich bewussten Weingenuss!

Laut der Definition der Weltgesundheitsorganisation (WHO) ist Alkoholismus „eine Art des Trinkens, die in ihrem Ausmaß über die traditionelle und gebräuchliche Ernährungsform oder die gesellschaftlichen Trinksitten der entsprechenden Gemeinschaft hinausgeht". Als Alkoholiker gelten demnach „exzessive Trinker, deren Abhängigkeit vom Alkohol einen solchen Grad erreicht hat, dass sie deutliche Störungen oder Konflikte in ihrer körperlichen oder geistigen Gesundheit, ihren menschlichen Beziehungen, ihren sozialen oder wirtschaftlichen Funktionen aufweisen; oder sie zeigen Vorstufen einer solchen Entwicklung". In dieser Definition spielen das soziale Umfeld und die Konsequenzen des Alkoholkonsums die zentrale Rolle und weniger die tatsächlich getrunkene Menge an Alkohol oder die Häufigkeit des Trinkens. Das war vor ein paar Jahren noch anders.

Darauf trinke ich einen! Auf alle die es geschafft haben, mit der Droge Alkohol vernünftig umzugehen. Auf alle, die guten vom schlechten Wein unterscheiden können. Und auf alle, die einen anständigen Rausch zu schätzen wissen.

Der Autor

Rainer Balcerowiak, Jahrgang 1955, lebt in Berlin und Wandlitz-Stolzenhagen (Brandenburg). Nach seinem Studium der Popularmusik war er bis 1998 als Musiker und Musikpädagoge tätig und wechselte dann in den Journalismus. Er ist Politikredakteur bei der Tageszeitung Junge Welt, publiziert dort und in anderen Medien regelmäßig über Wein.